Dia a dia com
CORRIE TEN BOOM

CADA NOVO DIA

Publicações Pão Diário

Dia a dia com
CORRIE TEN BOOM

CADA NOVO DIA

Corrie ten Boom

Copyright © 1977, 2003, 2013 by Corrie ten Boom
Originally published in English under the title Each New Day
by Revell, a division of Baker Publishing Group,
Grand Rapids, Michigan, 49516, U.S.A.
All rights reserved.

COORDENAÇÃO EDITORIAL: Dayse Fontoura
TRADUÇÃO: Wilson Ferraz de Almeida
REVISÃO: Dayse Fontoura, Thaís Soler, Lozane Winter
PROJETO GRÁFICO: Audrey Novac Ribeiro
CAPA: Audrey Novac Ribeiro
DIAGRAMAÇÃO: Lucila Lis

Dados Internacionais de Catalogação na Publicação (CIP)

---

ten Boom, Corrie 1892–1983
Dia a dia com Corrie ten Boom. Tradução: Wilson Ferraz de Almeida – Curitiba/PR, Publicações Pão Diário.
Título original: *Each New Day*
1. Teologia prática   2. Religião prática   3. Vida cristã   4. Meditação e devoção

---

Proibida a reprodução total ou parcial, sem prévia autorização, por escrito, da editora.
Todos os direitos reservados e protegidos pela Lei 9.610, de 19/02/1998.
Permissão para reprodução: permissao@paodiario.com

Exceto quando indicado o contrário, os trechos bíblicos mencionados são da edição Revista e Atualizada de João F. de Almeida © 2009 Sociedade Bíblica do Brasil.

Publicações Pão Diário
Caixa Postal 4190
82501-970 Curitiba/PR, Brasil
publicacoes@paodiario.org
www.publicacoespaodiario.com.br
(41) 3257-4028

Capa couro: A0628 • ISBN: 978-1-68043-182-7
Capa dura: WG720 • ISBN: 978-1-68043-286-2

Impresso na China

APRESENTAÇÃO

É justo que eu escreva uma apresentação para Corrie ten Boom. Afinal, ela fez o mesmo por mim em 1974. Era para meu segundo livro, *The Ehtics of Smuggling* [A Ética do Contrabando], o qual escrevi como uma resposta a todos os questionamentos das pessoas que leram meu primeiro livro, *O Contrabandista de Deus* (Ed. Betânia, 2008). Corrie iniciou seus comentários dizendo: "Há sempre um lugar especial em meu coração para meu irmão mais novo, André. Penso que a razão para isso é o fato de ele estar fazendo muito mais do que eu gostaria de ter feito."

Assim, é natural que eu comece com estas palavras: Sempre haverá um lugar muito especial em meu coração para minha irmã mais velha, Corrie. Ela fez muito mais do que eu poderia de fazer. E neste momento ela está no lugar em que eu gostaria de estar — embora não tão cedo. Eu tenho 84 anos, enquanto estou escrevo isto, e pela graça de Deus, espero ter mais alguns anos de ministério.

Senti falta de Corrie, quando ela foi para o lar celeste para estar com Jesus, em 1983. Juntos vivenciamos muitas aventuras. Eu me lembro particularmente de nosso ministério em Da Nang, Vietnam, logo depois que o exército americano chegou. Corrie permaneceu na WEC (*Worldwide Evangelization for Christ* — Evangelismo Mundial para Cristo) Bible School, bem ao lado do maior campo de pouso da Ásia. Muitas manhãs, ela acordava literalmente estremecida pelos terríveis ruídos dos aviões que aterrissavam e decolavam durante toda a noite para lançar bombas. Eu também me lembro dela durante a Segunda Guerra Mundial. Muitas vezes eu orava com ela, então Corrie se acalmava e ia fazer seu trabalho. Mas a memória que tenho dela e de sua família escondendo judeus, bem como sua prisão e confinamento no campo de concentração de Ravensbrück emerge em minha mente em momentos inesperados. Corrie sobreviveu. Sua irmã, Betsie, morreu em Ravensbrück. Mais tarde, Corrie relatou sua história no livro *O Refúgio Secreto* (Publicações Pão Diário, 2016).

Agora, peço que você me acompanhe a um lugar mais feliz. Depois que Corrie viajou pelo mundo contando sua história, instando com as pessoas para que aceitassem a Jesus, ela voltou para sua casa, para seu "retiro". Comprou uma casa em Haarlem, somente a uns poucos quilômetros de distância do local em que ela e sua família escondiam os judeus. Foi a primeira casa que ela teve condições de comprar. Certa vez, eu a visitei e fiquei admirado com o confortável mobiliário, o magnífico relógio de família que seu pai havia restaurado, assim como o lindo jardim. Apontando para o jardim, casualmente eu comentei: "Corrie, Deus tem sido bom para você."

Ela respondeu rápida e enfaticamente: "Deus foi igualmente bom quando Betsie morreu. Deus é *sempre* bom!".

Como você poderá descobrir neste livro, o profundo espírito de devoção de Corrie tornou-a muito corajosa em seu testemunho. Ela me contou uma história que a respeito de certa pregação, que fez na Alemanha Oriental, acerca de comprometimento cristão, demonstra bem sua coragem. A igreja estava superlotada muito tempo antes do começo do culto e milhares de pessoas estavam do lado de fora. Corrie não podia tolerar essa situação. Naturalmente, aquele era uma país comunista. A pregação era confinada ao interior dos templos. Não para Corrie! Então ela se dirigiu ao escritório do comandante e disse: "Eu preciso de alto-falantes para que a multidão que está do lado de fora da catedral possa ouvir." Você já pode imaginar a reação do oficial.

Corrie não recuou. "Você sabe que Jesus é o Vencedor, não é mesmo?". Corrie replicou, sem duvidar das raízes cristãs do oficial, em sua infância.

"Ah, sim. Eu creio que sim."

"Então você sabe o que deve fazer!"

Dentro de uma hora, havia alto-falantes do lado de fora da catedral e metade da cidade pode ouvir a pregação naquele dia. Essa ousadia que emergiu da fé mostrou-lhe que sua causa estava certa. Ela estava determinada a proclamar a verdade e lutou por esse privilégio.

Hoje há muito discurso sem ações efetivas. Tudo bem, vamos mudar isso. Sigamos o exemplo de Corrie e demonstremos nossa fé para um mundo que precisa ver quão poderoso nosso Deus realmente é. Este devocional o ajudará a entender quem era Corrie. Você descobrirá o poder por trás de sua pregação.

Certa vez, Corrie estava falando a uma igreja em Berlim Oriental. Nesse encontro, a maioria dos ouvintes era composta de pastores. Ao final de sua inspirada mensagem, ela deu oportunidade para perguntas. Um pastor se levantou e disse com um tom de voz solene: "Senhora ten Boom, não acha que as mulheres deveriam estar em silêncio na igreja?". Imediatamente uma tensão pôde ser sentida no auditório.

Corrie endireitou-se, e com o rosto radiante, respondeu: "Aleluia, não!". Depois disso, ela se tornou afetuosamente conhecida em toda a Alemanha Oriental como a senhora "Aleluia, não".

Assim, em honra ao espírito demonstrado por Corrie, eu declaro: Aqui está seu novo livro devocional. Aleluia, sim!

Irmão André
Outubro de 2012.

UMA PALAVRA DE CORRIE

Aqui, eu mesma, Corrie ten Boom, desejo apresentar uma pequena introdução para o devocional *A Cada Novo Dia*, que apresenta as verdades reveladas pela Palavra de Deus para cada dia. Algumas palavras podem ter maior impacto do que outras, mas você deveria ouvir diariamente o que o Espírito Santo deseja lhe dizer por meio dessas meditações. Você pode ser tanto um missionário quanto um campo missionário. Algumas vezes escrevi para cristãos que têm certeza de terem sido chamados para serem luzes do mundo. Outras vezes, Deus me deu uma mensagem sobre o que significa ir até Ele.

Que tal fazer a si mesmo algumas perguntas como as que escrevo a seguir, depois de ter lido a pequena mensagem diária, o texto bíblico e a oração:

Esta mensagem falou comigo hoje?

Por quê?

Como posso aplicar o que o Senhor está dizendo para mim nas minhas circunstâncias?

Isto irá me custar alguma coisa em relação ao meu lar, meu trabalho, minha igreja ou a sociedade?

Isto poderá significar reconciliação, restituição ou até mesmo tribulação?

Sei que Deus me inspirou para escrever essas meditações. Elas vieram diretamente daquele que o ama muito e falou por meu intermédio.

Corrie ten Boom

CORRIE TEN BOOM

Cornelia Arnolda Johanna ten Boom
(1892–1983)

---

*Minha vida é como uma tapeçaria entre mim e meu Deus,
não escolho as cores com as quais Ele está constantemente
tecendo. Com frequência Ele tece a tristeza;
e eu, em orgulho insensato, esqueço que Ele vê
a parte de cima, e eu, a de baixo.*

CORNELIA ARNOLDA JOHANNA TEN BOOM nasceu em 15 de abril de 1892 em Haarlem, uma cidade próxima a Amsterdã, na Holanda. Era a mais nova entre os quatro filhos do casal ten Boom: três meninas — Betsie, Nollie e Corrie (como foi carinhosamente apelidada) — e um menino, Willem. Seu pai era dono de uma relojoaria.

A casa da família — por eles chamada de *Beje* — ficava exatamente acima dessa relojoaria. Membros da Igreja Reformada Holandesa, de teologia calvinista, todos eram cristãos dedicados a servir a sociedade, oferecendo abrigo, alimento e dinheiro aos necessitados.

Em 1922, após a morte de sua mãe e um romance frustrado, Corrie se tornou a primeira relojoeira licenciada da Holanda. Na década seguinte, ela iniciou um clube de moças para ensino religioso e turmas para educação artística, costura e trabalhos manuais.

A Resistência durante a Segunda Guerra Mundial

Em 1940, o exército alemão invadiu a Holanda e os outros Países Baixos. A partir daí a vida dos ten Boom mudou para sempre. Seu irmão, pastor em uma igreja do interior, foi o primeiro da família a se envolver no movimento de Resistência ao nazismo. Pouco depois, seu pai e irmãs também aderiram e passaram por extensos e extenuantes treinamentos para aproveitarem a fachada da relojoaria e esconder judeus perseguidos.

Uma passagem secreta, construída atrás do guarda-roupas do quarto de Corrie, era o pequeno cômodo que esconderia até seis hóspedes durante as frequentes inspeções nazistas. Um duto de ar foi instalado nesse local secreto a fim de permitir a ventilação necessária para fugitivos.

Alguns judeus permaneciam no lar dos ten Boom por apenas algumas horas, outros ficariam por dias, até serem realocados para casas de outros membros da Resistência. Corrie se tornou uma das líderes do movimento ajudando a encaminhar vários judeus a esconderijos seguros. Estima-se que a atividade desse grupo de holandeses ajudou a salvar cerca de 800 judeus.

A vida nos campos de concentração

Em 28 de fevereiro de 1944, um traidor entregou ao exército nazista informações que os conduziram ao *Beje*. No final daquele dia, 35 pessoas, incluindo a família de Corrie, foram presas e encaminhadas a campos de concentração.

Apesar do escrutínio dos soldados alemães, os seis judeus escondidos na passagem secreta não foram descobertos. Permaneceram por mais 3 dias no esconderijo e depois disso foram resgatados por outros membros da Resistência.

Casper ten Boom, o patriarca da família, morreu apenas 10 dias depois, aos 84 anos, como prisioneiro em Scheveningen.

Corrie e sua irmã Betsie passaram os 10 meses seguintes em três prisões diferentes, até serem encaminhadas ao temido campo de concentração Ravensbrück.

A vida no campo era quase insuportável, mas Corrie e Betsie passaram seu tempo compartilhando sobre o amor de Jesus com suas colegas de prisão. Muitas delas se converteram em meio àquela situação terrível. Betsie morreu doente naquele local, em 16 de dezembro de 1944. Um sobrinho e o irmão de Corrie também foram aprisionados. Willem contraiu tuberculose durante o encarceramento e faleceu pouco depois do fim da guerra.

Corrie foi libertada por um erro administrativo, 10 dias após a morte de sua irmã e apenas uma semana antes de que todas as mulheres de sua idade tivessem sido executadas em Ravensbrück. "Deus não tem problemas. Somente planos", dizia Corrie.

O ministério nos anos seguintes
Logo depois da guerra, Corrie fundou centros de reabilitação para ajudar os sobreviventes do Holocausto e recebeu a honraria de "Heroína de Guerra" da rainha da Holanda. Aos 53 anos, começou um ministério mundial que a levou a percorrer mais de 60 países testificando do amor e do poder do perdão de Cristo, e sempre proclamando "Jesus é Vencedor".

Em 1968, o Museu do Holocausto, situado em Jerusalém, pediu a Corrie que plantasse uma árvore na Avenida dos Justos entre as Nações, como homenagem às muitas vidas de judeus que foram poupadas pelos membros da Resistência nos Países Baixos.

No começo da década de 70, o livro *O refúgio secreto* (Publicações Pão Diário, 2016), que conta a saga da família, se tornou um best-seller. Além desse, Corrie escreveu muitos outros livros inspiradores.

Em 1977, aos 85 anos, Corrie ten Boom se mudou para Placentia, Califórnia, EUA. No ano seguinte sofreu uma série de derrames cerebrais que a deixaram paralisada e incapaz de falar. Ela morreu aos 91 anos, no dia de seu aniversário, em 15 de abril de 1983.

Além do legado histórico com o salvamento de tantas vidas, às custas de seu próprio martírio, Corrie ten Boom ensinou ao mundo sobre o poder da fé em Cristo, em meio aos maiores sofrimentos e perdas, e sobre o perdão, resultante de um coração próximo a Deus.

Refugiando-se no Senhor

Possa o amor do Salvador que morreu
E o poder do Salvador que ressuscitou
E a oração do Salvador que ascendeu ao céu
E o retorno do Salvador voltando em glória
Ser o conforto e a alegria de seu coração.

Em nossa casa em Haarlem, Holanda, papai costumava ler, na Bíblia, o Salmo 91 e orar no exato momento em que o dia primeiro de janeiro estava começando. De modo consciente, iniciávamos o novo ano na companhia do Senhor. Você teme as coisas que possivelmente venham a acontecer neste novo ano? Faça como meu pai. Confie que o Senhor será seu esconderijo nos dias que estão por vir.

> O que habita no esconderijo do Altíssimo e descansa
> à sombra do Onipotente diz ao Senhor: Meu
> refúgio e meu baluarte, Deus meu, em quem confio.
> SALMO 91:1,2

Somos gratos, Senhor Jesus, porque tu sempre serás nosso esconderijo, não importa o que possa acontecer.

Corrie ten Boom

Novo começo

Posso pedir-lhe que faça algo diferente neste ano novo? Vá sozinho à presença do Senhor, e com Ele, faça um exame de si mesmo. Você tem certeza de que se sente perdoado? Já perdoou os outros? Fazendo assim, poderá assegurar um novo ano cheio de vitórias.

> ...e vos revestistes do novo homem que se refaz para o pleno conhecimento, segundo a imagem daquele que o criou. COLOSSENSES 3:10

Senhor Jesus, no início deste novo ano,
nós te pedimos que nos dês um novo começo.
Que nos limpes de nossos pecados com Teu sangue precioso.
Que purifiques nosso coração de todo tipo
de amargura para com os outros. Ajuda-nos a viver
cada novo dia em profunda comunhão contigo,
Senhor, nosso guia verdadeiro e fiel.

Corrie ten Boom

Conquistando a vitória

Jesus é o Vencedor. O Calvário é o local da vitória. A obediência é o caminho da vitória; o estudo da Bíblia e a oração, a preparação da vitória. É preciso ter coragem, fé, espírito vitorioso — toda tentação é uma oportunidade para ser vencida, e é um sinal para que arvoremos a bandeira de nossa conquista; é uma nova oportunidade de fazer o tentador saber mais uma vez que ele é derrotado. Roy Hession escreve em *A senda do Calvário* (Editora Betânia, 1979): "Jesus é sempre vitorioso. Nós só temos de manter o relacionamento correto com Ele e Sua vida vitoriosa fluirá através de nós, podendo alcançar outras pessoas."

> Revesti-vos de toda a armadura de Deus...
> EFÉSIOS 6:11

Agradecemos-te, Senhor,
porque conquistaste a vitória para nós.

Corrie ten Boom

O discipulado essencial

"Como posso eu nutrir uma vida abundante?"

O Senhor irá mostrar para você a resposta. Seja paciente e espere por Sua direção. Enquanto isso, leia a Bíblia, reúna-se com outros filhos de Deus e orem juntos. A oração feita em comunhão com os irmãos é vital para manter sua saúde espiritual, e também para capacitar você para o trabalho de Deus. Fale com o Salvador ininterruptamente. Ele o conhece muito bem, tem amor por você e também quer curá-lo.

Orai sem cessar. 1 TESSALONICENSES 5:17

Senhor, nós te pedimos que nos ensines a orar.

Corrie ten Boom

Você consegue ver o Senhor?

O MUNDO está em trevas. A névoa está ficando cada vez mais densa. Onde não há visão, o povo perece. O Senhor não deseja que permaneçamos em trevas, mas quer nos dirigir com Sua luz vitoriosa.

> ...Pedimos a Deus que encha vocês com o conhecimento da sua vontade e com toda a sabedoria e compreensão que o Espírito de Deus dá. Desse modo, vocês poderão viver como o Senhor quer e fazer sempre o que agrada a ele. Vocês vão fazer todo tipo de boas ações e também vão conhecer a Deus cada vez mais. COLOSSENSES 1:9,10 NTLH

Senhor, que conforto é saber que Tua visão e
Teu discernimento são perfeitos.
Por favor, ajuda-nos a ver as coisas
a partir do Teu ponto de vista.

Corrie ten Boom

Quais são as ações de Deus neste mundo?

"Deus escolheu este mundo para ser o palco da realização de Seu plano, o centro de tudo o que Ele, para si mesmo, escolheu fazer." —Watchman Nee

> ...desvendando-nos o mistério da sua vontade, segundo o seu beneplácito que propusera em Cristo, de fazer convergir nele, na dispensação da plenitude dos tempos, todas as coisas, tanto as do céu como as da terra... Efésios 1:9,10

Senhor, quão reconfortante é ver Teu completo planejamento para este mundo.
Nós te agradecemos por tornar Teus planos claros para nós, enquanto vivemos, atualmente, no meio de um caos.

Corrie ten Boom

Caminhando sobre as pedras da fé

Costuma-se dizer que a remoção das pequenas pedras de um campo de plantio frequentemente onera os custos e nem sempre torna a colheita maior. Em muitos tipos de solo as pedras apresentam benefícios, atraindo a umidade e irradiando o calor. Há o relato de uma experiência em que a remoção das pedras foi tão desfavorável para cultura no solo que elas foram novamente colocadas ali. Muitas vezes, como Paulo, clamamos a Deus para a remoção de um espinho na carne. Mais tarde, a experiência nos ensina que foi melhor ele ter permanecido ali.

> Pelo que sinto prazer nas fraquezas, nas injúrias, nas necessidades, nas perseguições, nas angústias, por amor de Cristo. Porque, quando sou fraco, então, é que sou forte. 2 CORÍNTIOS 12:10

Tua força, minha fraqueza — aqui elas sempre se encontram, / Quando deponho meu fardo aos Teus pés: As coisas que pareciam esmagar, serão, no final, Vistas como degraus nos quais eu pude subir. Obrigado, Senhor!

Corrie ten Boom

Escolhendo servi-lo

Deus está votando em nós o tempo todo. O diabo está sempre dando seu voto contra nós. E a maneira como nós votamos pode decidir essa eleição.

> Escolhei, hoje, a quem sirvais [...]. Eu e minha casa serviremos ao Senhor. JOSUÉ 24:15

Sim, Senhor, novamente, ou pela primeira vez,
escolho ser Teu. Que alegria é saber que tu me escolheste.
Posso colocar minha fraca mão em Tua forte mão.
Contigo eu sou mais do que vencedor.

Corrie ten Boom

Salto espiritual

William Nagenda, um evangelista africano, disse certa vez: "Minha vida é como uma bola quicando no assoalho. Algumas vezes o diabo empurra a bola para baixo, mas quando ela está exatamente na parte mais baixa, Jesus está lá, e Ele a lança para cima, levando-me para um lugar mais alto do que me encontrava antes."

> A minha alma apega-se a ti; a tua mão direita me sustém. SALMO 63:8 NVI

Senhor, o diabo é mais forte do que eu.
Mas sei, pela Bíblia, que tu és muito mais forte que o diabo, e contigo, sou mais forte do que ele.
Obrigado, Senhor, por este estímulo e encorajamento.

Ele o encontrará na escuridão

William Nagenda continuou: "Certo dia, o diabo empurrou William para baixo tão fortemente que ele foi parar no vale da sobra da morte. Então, Jesus elevou William para cima de modo tão forte que ele foi parar no céu. E o diabo ficou perguntando: 'Onde está William? Não o vejo mais!'"

> Ainda que eu ande pelo vale da sombra da morte,
> não temerei mal nenhum, porque tu estás comigo.
> SALMO 23:4

Senhor Jesus, graças te damos porque já venceste as forças do mal. Sabemos que tu jamais nos decepcionarás.

Corrie ten Boom

Além da fé

No FINAL de minha adolescência, fiquei feliz em poder ouvir Sadhu Sundar Singh contar sobre sua real experiência de ver o Senhor.

Ao me encontrar com ele durante uma caminhada, contei-lhe sobre quão preocupada eu estava. Perguntei a ele: —Há alguma coisa erra com minha fé? Sei que o Senhor está comigo, mas nunca tive uma visão nem sequer presenciei um milagre.

Sadhu respondeu: —O fato de eu saber que Jesus está vivo não é um milagre, eu já o vi. Mas você, que nunca o viu, pode sentir Sua presença. E isso não é um milagre do Espírito Santo?

> A quem, não havendo visto, amais; no qual, não vendo agora, mas crendo, exultais com alegria indizível e cheia de glória. 1 PEDRO 1:8

Senhor, nós te agradecemos porque o Espírito Santo nos conduz para além de nosso inadequado senso comum.

Corrie ten Boom

Reflexo correto

Devemos refletir o amor de Deus em meio a um mundo cheio de ódio. Um espelho não faz muita coisa. Ele apenas está dependurado na direção correta e reflete a luz. Nós somos reflexos do amor de Deus, portanto, devemos refletir Jesus em nossa vida. Ele nos usa para espalhar o evangelho do reino e para glorificar Cristo.

> E todos nós, com o rosto desvendado, contemplando, como por espelho, a glória do Senhor, somos transformados, de glória em glória, na sua própria imagem, como pelo Senhor, o Espírito.
> 2 CORÍNTIOS 3:18

Nós te rendemos graças, Senhor, porque, por meio do Espírito Santo, podes conduzir nossos olhos na direção correta, ao olhar para ti, para que sejamos reflexos Teus. Que honra, que alegria!

Corrie ten Boom

Uma visão das coisas invisíveis

Abre nossos olhos, querido Senhor,
Para que possamos ver
As vastas riquezas da eternidade,
Ajuda-nos a enxergar para além
dos pequenos cuidados da vida
Os quais fixam nossos olhos nos sofrimentos
e desgastam nossa coragem.
Que possamos sincronizar nosso tom
com Tua grande harmonia
Para que todos os sons possam sempre estar
Nos mais perfeitos e doce acordes.
Que tenhamos um pouco de Tua própria visão,
abençoado Senhor.

Onde não há revelação divina, o povo se desvia.
PROVÉRBIOS 28:19 NVI

Senhor Jesus, somente é possível ter uma visão
de coisas invisíveis por Teu intermédio.
Somos gratos por Teu desejo em nos conceder
esse tipo de visão.

Corrie ten Boom

O que não podemos fazer

Você PODE realizar as obras que Jesus faz? Eu posso? Sim! Pois Jesus foi para o Pai, e com o Pai, Ele faz coisas grandes, ainda maiores do que aquelas que Ele realizou quando estava neste mundo. Ele executa Suas obras por meio de você e de mim.

> Em verdade, em verdade vos digo que aquele que crê em mim fará também as obras que eu faço e outras maiores fará, porque eu vou para junto do Pai.
> JOÃO 14:12

*Nós te agradecemos, Senhor Jesus,
porque estás disposto a agir por nosso intermédio.
Que grandioso privilégio!*

Corrie ten Boom

Ele o sustentará

Quem é o que vence o mundo senão aquele que crê que Jesus é o Filho de Deus? O Senhor é o grande conquistador e Ele é capaz de conduzir você ao triunfo em todas as situações. Isso me tem confortado tremendamente, mesmo em meio aos momentos das mais opressivas dificuldades, quando eu estava na prisão.

> Cristo vai conservá-los firmes até o fim para que no dia da volta do nosso Senhor Jesus Cristo vocês não tenham culpa de nada. 1 CORÍNTIOS 1:8 NTLH

Somos gratos, Senhor Jesus, porque tu compreendes nossa fraqueza e porque nos concedes conforto, nos guias e nos dás poder para hoje e todos os dias.

Corrie ten Boom

Artilharia divina

Temos conosco a artilharia divina que silencia o inimigo e impõe sobre ele todo o dano que ele nos causaria.

> …que vocês se tornem fortes com toda a força
> que vem do glorioso poder dele, para que possam
> suportar tudo com paciência. COLOSSENSES 1:11 NTLH

*Senhor, que alegria é saber que Teu poder
é muito maior do que o poder do inimigo.*

Corrie ten Boom

Confirme sua atitude

Arthur T. Pierson escreve em seu livro *God and Missions Today* (Deus e as missões de hoje): "A Igreja de Deus como um todo deveria ser um grande corpo de evangelistas. Em vez de, primeiramente, sugar seus pastores, e depois, como esponjas insaciáveis, exigir ministrações dos evangelistas, os membros da igreja deveria dizer a seus ministros: 'Deixe-nos ir atrás dos perdidos.'"

Pronto para sofrer tristeza e dor, / Pronto para resistir a prova. / Pronto para ficar em casa e enviar outros, / Se assim Ele decidir.

Pronto para ir, / Pronto para ficar, / Pronto para ocupar meu lugar, / Pronto para servir tanto numa pequena quanto numa grande missão.

Pronto para ir, / Pronto para suportar, / Pronto para vigiar e orar, / Pronto ficar de lado e esperar / Até que Ele abra caminho.

Pronto para falar, / Pronto para pensar, / Pronto com a razão e a emoção. / Pronto para ficar onde Ele determinar. / Pronto para suportar a tensão.

Pronto para falar, / Pronto para advertir, / Pronto para almejar as almas. / Pronto para a vida, / Pronto para a morte, / Pronto para o Seu retorno.

> Ide, portanto, fazei discípulos de todas as nações...
> MATEUS 28:19

*Minha resposta é sim, Senhor Jesus,
e confirmo minha decisão.*
Corrie ten Boom

Cultivado por Deus

"Ó, TER a alma como um campo de cultivo celestial; não um deserto, mas um jardim do Senhor. Cercado pela graça, cultivado pela instrução, visitado pelo amor, podado pela disciplina, guardado pelo poder divino. A alma assim favorecida é preparada para produzir frutos para a glória de Deus." —C. H. SPURGEON

> Até que se derrame sobre nós o Espírito lá do alto; então, o deserto se tornará em pomar, e o pomar será tido por bosque. ISAÍAS 32:15

Pai, que tu faças de mim o Teu jardim.
Prepara-me para produzir frutos para a Tua glória.

Se você flutua, veleja, nada ou boia...

Você e eu somos o que somos pela graça de Deus. A vida cristã começa com a graça, deve continuar com ela e terminar com a graça.

A graça do Senhor é como o mar insondável,
Totalmente plena para você e para mim,
É suave e graciosa, ilimitada e gratuita,
Suficiente para cada necessidade.

Porquanto a graça de Deus se manifestou salvadora a todos os homens. TITO 2:11

Senhor, agradecemos o Teu amor e graça,
tão imensos como o oceano.

Corrie ten Boom

Deus trabalha para o bem

Certa ocasião, encontrei uma igreja que tinha apenas o teto — que não era de metal, apenas uma cobertura de lona. As pessoas me contaram que antes, essa era uma igreja construída com tijolos, mas como estava situada num país onde o cristianismo não era permitido, então alguém queimou o prédio da igreja.

Eu lhes disse que sentia muito porque tinham perdido seu templo, mas eles sorriram e disseram: "Deus não comete erros. Algum tempo atrás, houve um terremoto num domingo de manhã. Mil pessoas estavam sob este teto. Se estivéssemos num edifício de tijolos, muitos teriam se ferido, mas o teto de lona apenas foi sacudido durante o terremoto, e ninguém se machucou."

> Sabemos que todas as coisas cooperam para o bem daqueles que amam a Deus, daqueles que são chamados segundo o seu propósito. ROMANOS 8:28

Somos gratos, Senhor, porque o Teu lado do bordado de nossa vida é sempre perfeito. É reconfortante saber que o nosso lado apenas parece, por vezes, tão confuso.

Corrie ten Boom

Ele o protege

Já fui, muitas vezes, protegida pelo poder divino. Certa vez, quando eu estava na prisão, fui levada à presença de um tenente que me fez muitas perguntas. Havia a possibilidade de eu ser fuzilada!

Depois de ele ter me perguntado muitas coisas, me dirigi a ele:

—Posso lhe perguntar algo?

—Vá em frente, ele respondeu.

—Em sua vida há trevas ou luz?

—Somente trevas.

Então eu lhe falei sobre o caminho da salvação. Minha irmã Betsie também havia sido interrogada pelo mesmo tenente e ela também lhe apresentara o evangelho. Ela ainda lhe perguntou se permitiria que ela orasse em seu favor. O tenente me contou depois: "Jamais me esquecerei da oração que sua irmã fez". Por fim, o Senhor tocou o coração desse tenente e nos tornamos amigos.

> Não te deixes vencer do mal, mas vence o mal com o bem. ROMANOS 12:21

Senhor, te agradeço porque é Teu desejo me guardar também, com Teu poder divino.

Corrie ten Boom

Ele confronta a oposição

Naquela prisão, o tenente ainda tinha sua tarefa para cumprir e enfim chegou o dia em que ele me mostrou os papéis que ordenavam não apenas minha sentença de morte como também de toda a minha família e meus amigos.

—Você pode explicar estes papéis?, ele perguntou.

—Não, eu não posso, tive de admitir.

De repente ele tomou os papéis e os lançou no fogo! Quando vi as chamas destruindo aqueles documentos de condenação, eu compreendi que havia sido guardada pelo poder de Deus e compreendi, como nunca antes, o significado de Colossenses 2:14:

> …tendo cancelado o escrito de dívida, que era contra nós e que constava de ordenanças, o qual nos era prejudicial, [Jesus] removeu- o inteiramente, encravando-o na cruz.

Nós te louvamos, Senhor, por Tua constante proteção e por Teu amor e perdão tão vastos como o oceano.

Corrie ten Boom

Não tenha medo

Jesus tomou todas as condenações que eram contra nós e as pregou na cruz, Ele o fez por você e por mim. Há muitos atos pecaminosos em nossa vida, e todos nós deveremos comparecer diante de Deus no Dia do Julgamento. Temos recusado Jesus nesta vida? Então estaremos perdidos. Temos recebido Jesus nesta vida? Então nada temos a temer, pois Ele destruiu as condenações que eram contra nós quando morreu na cruz por você e por mim. Que alegria!

> Foi na cruz foi na cruz onde um dia eu vi,
> Meu pecado castigado em Jesus!
> Foi ali pela fé que meus olhos abri.
> —RALPH E. HUDSON (CC 396)

> Eu, eu sou o Senhor, e fora de mim não há salvador.
> ISAÍAS 43:11

Graças, Senhor Jesus, por levar sobre si nossos pecados, para que pudéssemos ser salvos.

Corrie ten Boom

Pedaços do céu

No campo de concentração que ficamos durante a Segunda Guerra Mundial, muito cedo, Betsie e eu tínhamos que comparecer todas as madrugadas frias e cruéis, a uma chamada nominal. Algumas vezes éramos dispensadas logo. Então, tínhamos a chance de caminhar em silêncio pelo campo. Tudo era escuro. Não havia luz em lugar algum.

Naquela fria escuridão, Betsie e eu caminhávamos com o Senhor e conversávamos com Ele. Betsie dizia algo, eu dizia algo e o Senhor também dizia alguma coisa. Como? Eu não sei, mas ambas entendíamos o que Ele nos havia dito. Isso era para nós um pequeno pedaço do céu em meio àquele inferno.

> E eis que estou convosco todos os dias, até a consumação do século. MATEUS 28:20

Senhor, ajuda-me a falar contigo todos os dias,
especialmente em tempos de escuridão,
e ouvir quando tu falas comigo.

Corrie ten Boom

Olhe para cima

Certa vez, enquanto estávamos na fila para chamada, um guarda cruel nos deixou em pé por um longo tempo. De repente, uma cotovia começou a cantar no céu e todos as prisioneiras começaram a olhar para cima para ouvir aquele pássaro cantar. Quando olhei para a cotovia, pensei no Salmo 103:11. Ó! Amor de Deus, quão profundo e grandioso és; muito mais profundo do que o ódio humano. Deus enviou aquela cotovia diariamente por três semanas, exatamente durante a chamada, conduzindo nosso olhar para bem longe da crueldade humana, em direção à amplitude de Seu oceano de amor.

> Pois quanto o céu se alteia acima da terra, assim é
> grande a sua misericórdia para com os que o temem.
> SALMO 103:11

Somos muito agradecidos a ti, Senhor,
porque sempre desejas conduzir nosso olhar
exatamente em Tua direção.

Corrie ten Boom

O que é sensível, o que é seguro

Render-se ao Senhor não é um grande sacrifício, nem uma atitude dolorosa. É a coisa mais sensata que você pode fazer.

Aquele que confia no amor imutável de Deus
Constrói sobre uma rocha que ninguém pode mover.
—GEORGE NEUMARK

> Confiai no Senhor perpetuamente, porque o
> Senhor é uma rocha eterna. ISAÍAS 26:4

*Quem pode conduzir nossos olhos melhor do que tu,
Senhor? Em quem mais podemos confiar?
Certamente não em nós mesmos!*

Corrie ten Boom

No centro da tempestade

É PERIGOSO vivermos como cristãos mornos nesta época cheia de escuridão, caos e desesperança. No centro de um furacão há absoluta calma e paz. Não há lugar mais seguro do que o centro da vontade de Deus.

> Conheço as tuas obras, que nem és frio nem quente. [...] Aconselho-te que de mim compres ouro refinado pelo fogo para te enriqueceres. APOCALIPSE 3:15,18

Senhor, eu sei que quando o Senhor nos faz uma pergunta,
há apenas duas respostas: sim ou não
(ou nada, o que é o mesmo que não).
Mostra-me o que minha resposta quer dizer.

Corrie ten Boom

Dúvida, temor e inferioridade

O QUE pode dificultar nossa entrega? Pecados, tristezas, posses, família, ou nossa vontade, direitos ou ocupações. Pecados como dúvida, temor, sentimento de inferioridade, materialismo, inveja, egocentrismo e autossuficiência. Tudo isso está no território do inimigo.

> Sonda-me, ó Deus, e conhece o meu coração, prova-me e conhece os meus pensamentos; vê se há em mim algum caminho mau e guia-me pelo caminho eterno. SALMO 139:23,24

Senhor, coloca Teu holofote sobre mim e mostra-me onde eu preciso de Teu sangue purificador.

Corrie ten Boom

O melhor está por vir

Você deseja receber o dom da vida eterna? Jesus vai torná-lo herdeiro de Suas riquezas eternas, e você as receberá.

> Porque o salário do pecado é a morte, mas o dom gratuito de Deus é a vida eterna em Cristo Jesus, nosso Senhor. ROMANOS 6:23

Ó Senhor, te agradeço por poder desfrutar a vida eterna agora, e porque o melhor ainda está por vir.

Corrie ten Boom

Faz-nos bons capitães

Um garoto escreveu: "Pilotar significa que a vida é um grande navio, carregado com uma preciosa carga a ser entregue a muitas pessoas em muitos lugares. Deus é o proprietário, mas eu sou o capitão."

Nós te damos tudo o que já é Teu, não importa o que seja;
Tudo o que temos é Teu somente, uma confiança, ó Senhor,
Que provém de ti. —WILLIAM HOW

> Graças a Deus pelo seu dom inefável.
> 2 CORÍNTIOS 9:15

Pai, como o proprietário de um navio confia que seu capitão entregará, com segurança, a carga em seu destino, assim tu confias a nós Tuas bênçãos. Faz de nós bons capitães, enchendo nosso coração com Teu Santo Espírito.

Corrie ten Boom

Crescendo, iluminado, caminhando

Como você considera a si mesmo — proprietário ou capitão de tudo o que possui? Você está entregando sua carga? O mundo não lê a Bíblia — ele lê você e a mim. O homem piedoso é a Bíblia do homem ímpio. Você está crescendo como Pedro? Está iluminando com Estêvão? Está caminhando como Paulo?

As pessoas irão perguntar: "Por que não me falaram sobre este Jesus?"

> Como, porém, invocarão aquele em quem não creram? E como crerão naquele de quem nada ouviram? E como ouvirão, se não há quem pregue?
> ROMANOS 10:14

Obrigado, Senhor, porque nos fortalecerás através do amor de um Salvador que morreu, do poder do Salvador ressurreto, da oração do Salvador que subiu ao céu, e da eterna glória desse Salvador.

Corrie ten Boom

O bem que Ele forja a partir do caos

Quando Jesus voltar para criar uma nova Terra, a matéria-prima já estará pronta. O primeiro mundo Ele fez a partir do caos.

> ...a terra se encherá do conhecimento do Senhor, como as águas cobrem o mar. ISAÍAS 11:9

Senhor Jesus, nós te somos gratos porque nos encorajas a esperar novos céus e nova Terra onde habita justiça.

Corrie ten Boom

Ore pela paz de Jerusalém

Ao descrever os judeus, Deus os designou como o povo que Ele criou para si mesmo, para que eles declarassem Seu louvor (Isaías 43:21). Israel está preparando o palco para o último ato da história deste mundo. Deus disse a Abraão: "Abençoarei os que te abençoarem…" Gênesis 12:3.

> Através de pessoas que há muito se foram
> A graciosa providência de Deus brilhou.
> Apenas uma raça gerou
> Um Soberano para governar a Terra;
> Seu nome é Israel. Ó, judeu,
> Curvo minha cabeça gentílica diante de ti.
> —AUTOR DESCONHECIDO

Eu oro pela paz de Jerusalém, Senhor.

Corrie ten Boom

Você não está em trevas

Hoje você pode ler sobre os sinais dos tempos não apenas na Bíblia, mas também em todos os jornais. Nossa geração estará vivendo quando todas estas coisas acontecerem, quando o Senhor voltar. Ele está voltando muito em breve!

> Mas vós, irmãos, não estais em trevas, para que esse Dia como ladrão vos apanhe de surpresa.
> 1 TESSALONICENSES 5:4

*Obrigado, Santo Espírito, porque estás conosco,
pois nos dás sabedoria e visão para
compreender o plano secreto de Deus e a realidade
dos sinais dos tempos, mas também nos dás
tudo o que necessitamos para estarmos preparados,
através de Teus dons e frutos.*

Corrie ten Boom

Da maneira de Jesus

NÃO FAÇA nada que não gostaria de estar fazendo quando Jesus voltar. Não vá a nenhum lugar em que não gostaria de estar quando Ele retornar.

> ...por isso mesmo, vós, reunindo toda a vossa diligência, associai com a vossa fé a virtude; com a virtude, o conhecimento; com o conhecimento, o domínio próprio; com o domínio próprio, a perseverança; com a perseverança, a piedade...
> 2 PEDRO 1:5,6

*Senhor, molda-me e me mantém
digno para encontrar-te em todos os momentos.
Glorifica Teu nome através da minha vida.*

Corrie ten Boom

Disposto a experimentar

Não permita que as preocupações e cuidados desta vida obscureçam sua visão, de modo que não esteja preparado para a segunda vinda de Jesus.

> Pois assim como foi nos dias de Noé, também será a vinda do Filho do Homem. Porquanto, assim como nos dias anteriores ao dilúvio comiam e bebiam, casavam e davam-se em casamento, até ao dia em que Noé entrou na arca, e não o perceberam, senão quando veio o dilúvio e os levou a todos, assim será também a vinda do Filho do Homem. MATEUS 24:37-39

Senhor Jesus, faz de nós soldados de Teu exército, desejosos de experimentar o que Paulo descreveu a Timóteo, em 2 Timóteo 3:1, de que nos últimos dias seria muito difícil ser cristão.

Corrie ten Boom

Busque sua plenitude

Eu acredito que enquanto lê este livro, você poderá estar pronto para a volta de Jesus. Por quê? Porque tudo o que precisava ser feito já foi completado na cruz!

> O mesmo Deus da paz vos santifique em tudo; e
> o vosso espírito, alma e corpo sejam conservados
> íntegros e irrepreensíveis na vinda de nosso Senhor
> Jesus Cristo. 1 TESSALONICENSES 5:23

*Senhor Jesus, nós te agradecemos por
Teu grande sacrifício na cruz, tornando possível para nós
participarmos de Tua vitória final.*

Corrie ten Boom

Para sua geração

Que geração Jesus tinha em mente ao mencionar essa palavra em Lucas 21? A geração de agora, quando os sinais que Ele previu estão acontecendo. A nossa geração!

> Em verdade vos digo que não passará esta geração, sem que tudo isto aconteça. LUCAS 21:32

Estamos ansiosos por Tua vinda, Senhor,
embora saibamos que teremos tempos difíceis pela frente,
antes de nos encontrarmos contigo.

Corrie ten Boom

# Conhecendo os segredos dele

Nosso CONHECIMENTO sobre o futuro do mundo não nos deve causar temor ou ansiedade.

> Ora, ao começarem estas coisas a suceder, exultai e erguei a vossa cabeça; porque a vossa redenção se aproxima. LUCAS 21:28

Nós te somos gratos, Senhor, porque Efésios 1 nos revela que tu nos permitiste ter conhecimento sobre Teus planos secretos, e de que Teu propósito soberano a respeito da história humana será consumado em Cristo.
Tudo o que existe no céu e na Terra encontrará seu perfeito cumprimento em ti.

Corrie ten Boom

O melhor está por vir

Que alegria é a Bíblia nos revelar que o melhor e mais reconfortante acontecimento ainda está por vir. Nossa visão vai além deste mundo. Nós encontraremos o Senhor nos ares.

Jesus está voltando para mim.
Que alegria será —
Sua face eu hei de ver.

> ...depois, nós, os vivos, os que ficarmos, seremos arrebatados juntamente com eles, entre nuvens, para o encontro do Senhor nos ares, e, assim, estaremos para sempre com o Senhor. 1 TESSALONICENSES 4:17

*Esperamos com ansiedade pelo momento
em que seremos transformados e poderemos ver-te
face a face, Senhor Jesus. Vem logo!*

Corrie ten Boom

Finais felizes

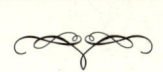

CERTA VEZ um pastor me disse: —Não gosto de ler um livro em que coisas ruins acontecem. Quando tenho de lê-lo, logo vou para a última página. Quando vejo ali que eles viveram felizes para sempre, então posso ler todo o livro porque ele apresenta um final feliz.

Devemos ler a Bíblia dessa mesma forma. Trememos ao ler sobre o que vai acontecer antes da volta de Jesus, mas se você estiver com medo, leia a última página. Verá que Jesus prometeu voltar, e nós o veremos face a face.

>...Eis que faço novas todas as coisas...
> APOCALIPSE 21:5

Senhor, obrigado por nos revelares sobre o futuro para que saibamos que o melhor ainda está por vir.

Corrie ten Boom

Sua vida é um livro

A História é Sua história. Deus tem um cronograma para sua vida e para a minha, e também para todo o mundo. Não conhecemos o futuro, mas nós conhecemos a Deus e Ele tem o futuro em Suas mãos. Como cristãos, permaneçamos firmes sabendo que somos cooperadores de Deus, Aquele que cumpre as profecias. Nossa visão vai além deste mundo para a perspectiva da esperança da volta de Jesus, o Messias, aquele que fará novas todas as coisas. Nos momentos difíceis que passamos agora e naqueles que ainda virão, o cristão será capaz de compreender os tempos e terá uma paz celestial que excede todo o entendimento.

> Vigiai, pois, a todo tempo, orando, para que possais escapar de todas estas coisas que têm de suceder e estar em pé na presença do Filho do Homem.
> LUCAS 21:36

Senhor Jesus, graças por podermos sempre olhar para ti e saber que sempre cuidas de nós, e também porque podemos antecipar o mais glorioso futuro, quando veremos o cumprimento da promessa de sermos libertos por ti.

Corrie ten Boom

Nadar no oceano da verdade

A SEGUNDA vinda de Cristo indicará o fim do domínio de Satanás neste mundo! A Terra será envolvida com o conhecimento de Deus assim como as águas cobrem o fundo do mar.

> Cristo vai conservá-los firmes até o fim para que no dia da volta do nosso Senhor Jesus Cristo vocês não tenham culpa de nada. 1 CORÍNTIOS 1:8 NTLH

Nós esperamos por Tua vitória, Senhor.
Que alegria é saber antecipadamente o resultado!

Corrie ten Boom

Use aquilo que você tem

Um líder que fora bispo na China me contou: —Fui bispo na China por 17 anos, mas cometi erros. Não treinei membros leigos para serem evangelistas. Agora não há bispos ou clérigos em toda a China. Deus estabeleceu pessoas leigas para serem evangelistas, e tivemos a oportunidade de treiná-las, mas não o fizemos.

Utilize o tempo que lhe resta para dizer aos cristãos que você os está convidando para serem embaixadores de Cristo. Eles podem ter o importante e prazeroso chamado de compartilhar as boas-novas.

> Mãos ao trabalho, crentes,
> Breve nos chega o fim;
> Firmes, enquanto a morte
> Não tocar clarim!
> Vamos, irmãos, à obra,
> Por Cristo trabalhar;
> Eia, que em vindo a noite,
> Vamos descansar. —ANNA COGHILL (CC 419)

E disse-lhes: Ide por todo o mundo e pregai o evangelho a toda criatura. MARCOS 16:15

Uma parte de nosso trabalho deve ser treinar outros, Senhor. Ajuda-nos a não desperdiçar oportunidade alguma, porque as circunstâncias podem mudar rapidamente.

Corrie ten Boom

Ele ora e intercede por nós

O que Jesus, o Filho de Deus, fez por nós? Ele deixou o céu e veio à Terra. Ele humilhou-se a si mesmo, para nascer como um pequeno bebê e ter como berço uma manjedoura. Ele suportou a vida neste mundo por 33 anos e morreu numa cruz para sofrer a punição por nossos pecados. O que Ele está fazendo agora na glória? Ele está orando e intercedendo por nós.

A única decisão que você tomou foi quando o aceitou como seu Salvador? Isso foi muito importante. Você nasceu de novo, mas era um bebê espiritual. Não há muito mais que o Senhor pede de você agora?

> Rogo-vos, pois, irmãos, pelas misericórdias de Deus,
> que apresenteis o vosso corpo por sacrifício vivo,
> santo e agradável a Deus, que é o vosso culto racional.
> ROMANOS 12:1

Senhor Jesus, quanto tu fizeste por mim!
Quando olho para o que tenho feito por ti, percebo que
posso e devo entregar todo o meu ser para ti hoje.
Senhor, que ames os outros através de mim.

Corrie ten Boom

Permaneça em Sua habilidade

Somos embaixadores de Cristo. Um embaixador é enviado em missão oficial do governo de uma nação para representar aquela nação no território de outro país. Sua autoridade não é avaliada por suas habilidades pessoais, mas na direta proporção da autoridade do governo que ele representa.

> Não fostes vós que me escolhestes a mim; pelo contrário, eu vos escolhi a vós outros e vos designei para que vades e deis fruto, e o vosso fruto permaneça. JOÃO 15:16

Pai, sinto-me feliz por servir como Teu embaixador, na segurança da autoridade que me sustenta. Graças te dou por permanecer no dom que me deste.

Corrie ten Boom

Peça pela graça que Ele concede

Muitas nações estão caindo e nós estamos tão ligados a elas que do mesmo modo poderíamos cair se não as transformássemos em grandes multidões para Deus, implorando por misericórdia nestes dias de alarmante crise.

> Mostra-nos, Senhor, a tua misericórdia e concede-nos a tua salvação. SALMO 85:7

Pai, dá-nos força para trazer Tua Palavra para um vasto número de pessoas. Precisamos de mais soldados que acreditem que Jesus é o Vencedor.

Corrie ten Boom

Espelhe Seu amor, reflita Seus caminhos

No TRABALHO de evangelização somos enviados pela mesma pessoa, revestidos pelo mesmo poder, conduzidos para o mesmo lugar e destinados para o mesmo propósito, da mesma forma que Jesus. Sinto-me feliz porque nos Estados Unidos e em muitos outros países há muito bom material para treinamento. Desejo mencionar duas organizações, *Cruzada Estudantil e Profissional para Cristo*, e *The Navigators* (Os navegadores), cujo material sempre usamos para ajudar e treinar pessoas.

> Porque eu vos dei o exemplo, para que, como eu vos fiz, façais vós também. JOÃO 13:15

Senhor, abre nossos olhos para que possamos reconhecer cada oportunidade para levar o evangelho. Agradecemos porque, habitando em nós, tu nos tornas reflexos do Teu amor.

Corrie ten Boom

# 18 DE FEVEREIRO

Ligando os pontos

Ao apresentar a Palavra de Deus para outras pessoas, você precisa manter a conexão tanto vertical quanto horizontal e ambas com o Espírito Santo. Ore em seu coração para receber toda direção, entendimento e sabedoria de que você precisa.

> …porque eu vos darei boca e sabedoria a que não poderão resistir, nem contradizer todos quantos se vos opuserem. LUCAS 21:15

Senhor, nós te agradecemos por Tua presença, enquanto trabalhamos. Sozinhos somos muito fracos, mas o Teu Espírito nos capacita.

Corrie ten Boom

O que significa mais do que a própria vida?

Para ser usado na salvação de almas para a eternidade é preciso ser digno de sofrer e até morrer. A salvação dos perdidos tem a ver conosco mais do que nossa própria existência terrena.

> Nisto conhecemos o amor: que Cristo deu a sua vida por nós; e devemos dar nossa vida pelos irmãos.
> 1 JOÃO 3:16

*Senhor, concede-nos amor e inquietação
por todos aqueles que estão perdidos.*

Corrie ten Boom

Tudo é um testemunho

Não há nada que se possa fazer para impedir que Deus continue nos usando, a não ser por nossa própria culpa. Podemos fazer que tudo seja um testemunho. Mesmo a oposição pode se tornar uma porta aberta.

> Se, pois, ao trazeres ao altar a tua oferta, ali te lembrares de que teu irmão tem alguma coisa contra ti, deixa perante o altar a tua oferta, vai primeiro reconciliar-te com teu irmão; e, então, voltando, faze a tua oferta. MATEUS 5:24

Pai, quando estamos livres do pecado podemos fazer Teu trabalho. Quando parecermos ineficientes em Tua obra, leva-nos a examinar nossa vida para ver se há algum pecado.

Corrie ten Boom

Fazendo o melhor possível

Quando uma casa está pegando fogo e você sabe que há pessoas dentro dela, seria um pecado ficar arrumando os quadros na parede daquela casa. Quando o mundo ao seu redor está enfrentando grande perigo, fazer coisas que em si mesmas não seriam pecaminosas pode se tornar um grande erro.

> Portanto, vede prudentemente como andais, não como néscios, e sim como sábios, remindo o tempo, porque os dias são maus. EFÉSIOS 5:15,16

Senhor, abre nossos olhos para ver o mundo ao nosso redor. Usa-nos para advertir as pessoas e para dizer-lhes que quando andamos de mãos dadas contigo estamos salvos, ainda que em meio a uma tormenta, e que há a eternidade para ganhar ou perder.

Corrie ten Boom

A maior dádiva

Quando ouviu sobre o evangelho, você ouviu a maior história jamais contada e a maior dádiva que já foi oferecida, pela mais importante pessoa que já viveu sobre a Terra! Você gostaria de receber esta dádiva de vida eterna, pela qual Jesus deixou o céu e veio morrer em uma cruz?

Foi um amor inefável que o planejou.
Foi uma vida indescritível que o trouxe.
Foi uma morte inexplicável que o fez.
Foi uma alegria inexprimível que o causou.

Nisto se manifestou o amor de Deus em nós...
1 JOÃO 4:9

*Espírito Santo, ajuda-me a compreender
um pouco mais dessas maravilhosas riquezas.*

Corrie ten Boom

O preço do amor

Jesus o ama tanto, que se você fosse o único habitante do mundo, ainda assim Ele ainda teria se disposto a morrer por você na cruz.

> Que grande Amigo é meu Jesus,
> De longe quis buscar-me!
> Desceu do Céu, sofreu, morreu,
> A fim de resgatar-me! As glórias mil do santo lar
> Renovam meu alento.
> —JAMES G. SMALL (HA 102)

> Nessa vontade é que temos sido santificados,
> mediante a oferta do corpo de Jesus Cristo...
> HEBREUS 10:10

Senhor Jesus, tal amor está além de nossa compreensão.
Apenas podemos dizer: "Muito obrigado".

Corrie ten Boom

A simplicidade da cruz

—Como posso me tornar um filho de Deus?

Tome uma decisão simples e direta:

—Sim, Senhor Jesus, habite em meu coração.

—É simples assim?

—Sim, é. A salvação é uma dádiva. Você precisa apenas aceitá-la e assim você pertencerá a Deus e Ele a você.

E tudo o que precisava ser feito, foi completado por Jesus na cruz.

> Eis que estou à porta e bato; se alguém ouvir a minha voz e abrir a porta, entrarei em sua casa...
> APOCALIPSE 3:20

Obrigado, Senhor, porque posso abrir a porta do meu coração. Que alegria é tu poderes entrar em minha casa.

Corrie ten Boom

O que acontece em seu coração

"Ir regularmente à igreja faz de alguém um cristão?"

Não, você apenas se alimenta do que precisa e mantém comunhão com outros cristãos, porém, nada é mais importante do que abrir a porta de seu coração. Um rato que nasce no forno não é um biscoito, nem um cão que vive numa garagem é um automóvel.

> Se, com a tua boca, confessares Jesus como Senhor e, em teu coração, creres que Deus o ressuscitou dentre os mortos, serás salvo. ROMANOS 10:9

*Senhor, obrigado por eu ser um cristão
e isso ser possível porque morreste na cruz há mais de
dois mil anos, e pudeste dizer: "Está consumado".
Tudo o que precisava ser feito, já foi realizado por ti.
Muito obrigado mesmo, Senhor Jesus.*

Corrie ten Boom

Um salto no escuro

A CONVERSÃO não é como um salto no escuro. É um alegre salto na luz que emana do amor de Deus.

> Eu sou a luz do mundo; quem me segue não andará
> nas trevas; pelo contrário, terá a luz da vida. JOÃO 8:12

*Nossa natureza humana teme o desconhecido, Senhor.
Dá-nos a fé de que necessitamos para sair de
nossas cavernas escuras e andar na Tua luz orientadora.*

Corrie ten Boom

Vivendo como reis e rainhas

"O QUE acontece depois de dizer sim?"

Você pode requerer todas as promessas de Deus na Bíblia. Seus pecados, suas preocupações, sua própria vida — você pode entregar tudo a Ele.

>...eu vim para que tenham vida e a tenham em abundância. JOÃO 10:10

Senhor, perdoa-nos porque muitas vezes temos vivido como mendigos, mesmo quando sabemos que somos filhos do Rei dos reis e imensuravelmente ricos.

Corrie ten Boom

Conversão é apenas o começo

"Quando aceito a Jesus como meu Salvador, o que devo fazer para crescer?"

Ser cheio do Espírito Santo, integrar uma igreja em que os membros creem na Bíblia e conhecer o Senhor, procurar manter comunhão com outros cristãos, aprender e nutrir-se da Palavra de Deus com suas muitas promessas. A conversão não é o fim da sua jornada — é apenas o começo.

> Lâmpada para os meus pés é a tua palavra e, luz para os meus caminhos. SALMO 119:105

Senhor, muito obrigado porque tens provido nossa nutrição espiritual através do Teu Espírito Santo, da Tua Palavra, a Bíblia, e através da comunhão com os santos.

Corrie ten Boom

A ferramenta não decide seu uso

Estou com 85 anos e sou muito grata porque sou capaz de continuar trabalhando naquilo que amo. Deus tem um plano para cada pessoa. Todos nós somos chamados para ser luz do mundo onde quer que Ele nos coloque. Estamos na Sua perfeita direção quando confiamos nele e lhe obedecemos. Uma ferramenta não decide onde deve atuar. É o mestre quem decide onde ela deve ser usada.

> Pois somos feitura dele, criados em Cristo Jesus para boas obras, as quais Deus de antemão preparou para que andássemos nelas. EFÉSIOS 2:10

Senhor, podemos olhar adiante para a aposentadoria de nosso trabalho terreno, mas tu nos usarás onde quer que desejares nos guiar. Que privilégio!

Corrie ten Boom

Entre a esperança e o desespero

Muitas pessoas agem como equilibristas. De um lado, carregam uma bagagem repleta de coisas de um passado injusto e, no outro, estão cheias de esperança em relação ao futuro. Elas ficam oscilando entre a esperança e o desespero. Essa atitude é errada.

Você tem o Espírito Santo, ou o é Espírito Santo que tem você?

> Porque Deus não nos tem dado espírito de covardia,
> mas de poder, de amor e de moderação. 2 TIMÓTEO 1:7

*Senhor, com nossa frágil mão
na Tua forte mão andamos vitoriosamente.*

Corrie ten Boom

Quem está no sótão?

Jesus é o único convidado que está no pequeno espaço do sótão de sua vida? Então ninguém mais sabe que Ele está lá. A proteção que Ele pode lhe dar em outros aposentos de sua casa não está ativada. Então, abra todas as portas para Ele!

> Amarás o Senhor, teu Deus, de todo o teu coração,
> de toda a tua alma e de todo o teu entendimento.
> MATEUS 22:37

*Ó Senhor Jesus, enche minha casa, meu coração
e minha vida com Tua presença.*

Corrie ten Boom

Descomprometido e invisível

Nossa luta não é contra um inimigo físico, mas contra um sistema e poderes no mundo espiritual. Precisamos ainda lutar contra os pecados em nossa vida, mas já temos assegurada a nossa vitória. Estamos na linha de frente da batalha. Uma concessão pode ser perigosa.

> …porque a nossa luta não é contra o sangue e a carne, e sim contra os principados e potestades, contra os dominadores deste mundo tenebroso, contra as forças espirituais do mal, nas regiões celestes. EFÉSIOS 6:12

Senhor, obrigado porque mesmo quando lutamos contra a inércia, ainda podemos nos manter firmes em nossa posição.

Corrie ten Boom

Ele afasta os lobos famintos

A PERFEITA obediência faria que pudéssemos atingir a perfeita felicidade, bastando apenas que tivéssemos perfeita confiança no poder ao qual estamos obedecendo. Um lobo não incomoda uma ovelha que está no meio do rebanho, junto ao seu pastor.

> O SENHOR é o meu pastor; nada me faltará.
> SALMO 23:1

*Senhor, guarda-me em Teu rebanho, salvo
e na segurança de Tua proteção, sabendo que nada tenho
a temer enquanto me envolvo em Teu trabalho.*

Corrie ten Boom

Ele esquece os pecados

Quando o Senhor leva seus pecados, você jamais os verá novamente. Ele os lança nas profundezas do mar, já perdoados e esquecidos. Sempre penso que o Senhor coloca uma placa proibindo a pesca naquele lugar onde foram lançados os pecados.

> Quanto dista o Oriente do Ocidente, assim afasta de nós as nossas transgressões. SALMO 103:12

Senhor, sabemos disso porque a Bíblia assim nos diz. Pedimos-te que mantenhas nossos olhos na direção certa, fitos em ti, pelo Teu Santo Espírito.

Corrie ten Boom

Alguém soluciona seus problemas

Você está enfrentando problemas na oração? O Espírito Santo o ajudará. É quando nós nos sentimos totalmente incapacitados que o Espírito intercede por nós junto ao Pai.

> Também o Espírito, semelhantemente, nos assiste em nossa fraqueza; porque não sabemos orar como convém, mas o mesmo Espírito intercede por nós sobremaneira, com gemidos inexprimíveis.
> ROMANOS 8:26

Ó Espírito Santo, que alegria poder colocar nossas dificuldades, em oração, diante de ti. Consolador, tu que vês a mim, o inimigo, o mundo ao nosso redor, trazes o amor de Deus ao nosso coração em meio à turbulência de nossa vida. Aleluia!

Corrie ten Boom

Orações simples, respostas poderosas

"Posso orar sobre as pequenas dificuldades que enfrento em minha vida, ou somente devo orar a respeito dos grandes problemas?"

Um dia, quando eu estava terrivelmente resfriada, no campo de concentração, Betsie, minha irmã, orou pedindo um lenço para mim. Nós rimos a respeito daquela oração um tanto tola, mas apenas poucos minutos depois uma senhora chegou perto de mim e estendeu-me um lenço! Não sabemos quais as coisas que Deus considera importantes. O que sabemos é que Ele responde nossas orações — até mesmo aquelas que contêm pedidos aparentemente de pouco significado.

>...Nada tendes, porque não pedis.
>TIAGO 4:2

Senhor, tu te importas conosco,
e não ficarás aborrecido quando te fizermos pedidos
sobre pequenas coisas, pois somos Teus filhos.

Corrie ten Boom

Ele tem o melhor de você

Uma garotinha estava chorando porque sua velha boneca estava quebrada. Seu pai lhe disse: "Dê-me aqui sua boneca." Então ele a consertou. Por que razão esse homem já crescido gastou seu tempo para consertar uma boneca feia e insignificante? Ele viu a boneca através dos olhos da sua garotinha, especialmente porque amava a filha. Deus enxerga os problemas através de seus olhos porque ele ama você.

> Pois quanto o céu se alteia acima da terra, assim é
> grande a sua misericórdia para com os que o temem.
> SALMO 103:11

*Pai, que alegria é saber que somos Teus filhos
e estamos sob Teu constante cuidado.*

Corrie ten Boom

Ele mantém o diálogo

"É TÃO difícil orar!"

Sim, até mesmo os discípulos perguntaram ao Senhor como deveriam orar. Se você não sabe como orar, reconheça isso diante do Senhor e Ele o capacitará.

> ...um dos seus discípulos lhe pediu: Senhor, ensina-nos a orar como também João ensinou aos seus discípulos. LUCAS 11:1

Senhor, entendemos que ao orarmos nos colocamos num lugar de importância estratégica. O diabo ri quando estamos envolvidos no trabalho até o pescoço, mas ele treme quando oramos. Pedimos que nos guies e abençoes nossa vida de oração.

Corrie ten Boom

Torne as prioridades dele as suas

"Sou tão ocupado. Como posso encontrar tempo para orar?"

Primeiro, peça perdão a Deus. Suplique a Ele que o lave do pecado de não reservar tempo para a oração. Devemos começar e terminar o dia orando. Pode ser que Satanás o esteja levando a trabalhar tanto que não lhe sobre tempo para dedicar tempo à oração.

> ...e, quanto a nós, nos consagraremos à oração e ao ministério da palavra. ATOS 6:4

Senhor, perdoa-nos por muitas vezes
dar grande importância a coisas menores.
Obrigado porque podemos orar.

Corrie ten Boom

Os indispensáveis fios escuros

"Deus sempre nós dá o que pedimos em oração?"

Algumas vezes a resposta é não. Ele tem conhecimento daquilo que nós não sabemos. Ele conhece cada coisa e suas respostas negativas fazem parte de Seu plano para nossa vida.

> Minha vida é como um tapeçaria entre mim e meu Deus,
> Não escolho as cores com as quais Ele está
> constantemente tecendo.
> Com frequência Ele tece a tristeza; e eu, em
> orgulho insensato,
> Esqueço que Ele vê a parte de cima, e eu, a de baixo.
> Até que o tear fique silencioso e as lançadeiras
> deixem de operar,
> Deus não irá desenrolar a tela e explicar Seus propósitos.
> Os fios escuros são indispensáveis nas mãos do hábil tecelão,
> Assim como os fios de ouro e prata, para a estampa que
> Ele planejou.

> Bem sei, ó Senhor, que os teus juízos são justos e que com fidelidade me afligiste. SALMO 119:75

Senhor, é difícil aceitar um não, mas torna-nos humildes, pacientes e fiéis o bastante para confiar. Obrigado porque sempre respondes as nossas orações conforme Tua vontade com um sim ou um não. Como é bom saber que jamais cometes algum erro!

Corrie ten Boom

A simples verdade

"Tudo é muito simples!"

Sim, a verdade é simples, porém bastante profunda. As complicações surgem de nós mesmos ou do inimigo.

Jesus fez; a Bíblia declara.
E eu creio; isso encerra a questão.

No princípio era o Verbo... JOÃO 1:1

*Muito obrigado, Senhor,
porque até uma criança pode compreender.*

Corrie ten Boom

13 DE MARÇO

Resistindo à tentação

Você está incomodado com as tentações? A tentação não é um pecado. O próprio Jesus foi tentado. O Senhor Jesus lhe dá forças necessárias para resisti-la. Um filho de Deus que sofre tentação ainda continua sendo filho de Deus. Confesse seus pecados, apodere-se da vitória de Jesus como sendo sua, e derrote a tentação.

> Pois, naquilo que ele mesmo sofreu, tendo sido tentado, é poderoso para socorrer os que são tentados. HEBREUS 2:18

Senhor, nós te damos graças porque quando enfrentamos uma tentação tu sempre nos mostras um meio de escape.

Corrie ten Boom

14 DE MARÇO

Ele assumiu a culpa

O SENSO de culpa é uma experiência muito útil porque nos mostra onde estão as coisas erradas. É perigoso quando não há nenhum senso culpa, assim como é bastante grave a ausência de dor em uma pessoa que está doente.

Quando pertencemos a Jesus não nos é pedido que carreguemos nossas próprias culpas. Deus colocou os pecados de todo o mundo sobre Jesus. Tudo o que você tem de fazer é contar a Ele todas as coisas, confessar sua culpa, seus pecados e se arrepender. Então Ele irá purificá-lo e lançar seus pecados nas profundezas do mar. Não esqueça da placa que Ele coloca naquele lugar: É PROIBIDO PESCAR. Se alguém sofreu por causa de algo que você causou, então repare o dano no poder e sabedoria do Senhor.

> Quanto dista o Oriente do Ocidente, assim afasta de nós as nossas transgressões. SALMO 103:12

Obrigado, Senhor, porque carregaste nossas culpas
e por não precisarmos levá-las por nós mesmos.
Ajuda-nos a não escutar nunca mais a voz do acusador
dos nossos irmãos, o diabo, mas a ouvir Teu
Santo Espírito, que sempre aponta para a
obra completa feita na cruz.

Corrie ten Boom

15 DE MARÇO

Vendo as coisas como elas são

O SANGUE de Jesus não remove desculpas. Ele nos limpa dos pecados que foram confessados. Precisamos nos humilhar.

> ...o sangue de Jesus, seu Filho, nos purifica de todo pecado. Se dissermos que não temos pecado nenhum, a nós mesmos nos enganamos, e a verdade não está em nós. 1 JOÃO 1:7,8

Pai, ajuda-nos, através do Teu Espírito Santo, a ter bem limpos os olhos de nosso entendimento, para que possamos ver a gravidade dos pecados que cometemos como realmente são, mas que, ao mesmo, possamos ver a imensidão do oceano de Teu amor e graça.

Corrie ten Boom

Aceitando a escassez e a abundância

Que grande pecado é a autopiedade! Esse sentimento pode ser tão lógico e convincente a ponto de fazer você sofrer terrivelmente. Ele produz trevas, desespero e até mesmo doenças.

> …aprendi a estar satisfeito com o que tenho. Sei o que é estar necessitado e sei também o que é ter mais do que é preciso. Aprendi o segredo de me sentir contente em todo lugar e em qualquer situação, quer esteja alimentado ou com fome, quer tenha muito ou tenha pouco. Com a força que Cristo me dá, posso enfrentar qualquer situação. FILIPENSES 4:11-13 NTLH

Senhor, ajuda-nos a manter nossa mente firmada em ti.
Assim aceitaremos tanto a escassez
quanto a abundância por meio de Tua força.

Corrie ten Boom

Ele pode restaurar Suas criaturas

Ele é o único que nos pode limpar de nossos pecados — Aquele que nos criou.

Na Rússia, um grande número de pessoas morava em um determinado edifício. O porão do prédio estava repleto com o lixo de todas as famílias. No meio de todo aquele lixo encontrava-se uma bela harpa quebrada, a qual ninguém tinha sido capaz de restaurar.

Numa noite em que nevava muito, um andarilho perguntou se poderia dormir naquele lugar. As pessoas abriram um espaço para ele num canto do porão, e ele ficou feliz por pernoitar ali.

Pouco tempo depois, os moradores do prédio começaram a ouvir o som de uma linda música que vinha do porão. O dono da harpa desceu correndo as escadas e encontrou o andarilho tocando a harpa.

"Como você conseguiu consertá-la? Nós não tínhamos conseguido", disse o homem.

O andarilho sorriu e respondeu: "Eu construí esta harpa anos atrás, e quando você constrói alguma coisa é capaz de restaurá-la."

> Todas as coisas foram feitas por intermédio dele, e, sem ele, nada do que foi feito se fez. JOÃO 1:3

Senhor, tu me criaste. Que alegria é saber que tu desejas restaurar-me.

Corrie ten Boom

Algo para oferecer

Jesus disse: "...Negociai até que eu volte" (Lucas 19:13). Você acha que não tem capacidade para fazer isso? Encontrei uma mulher na Rússia que sofria de esclerose múltipla. Seus pés e mãos estavam paralisados, exceto um único dedo. Com aquele dedo ela datilografou textos bíblicos e livros para meditação.

> Suporte comigo os sofrimentos, como um bom soldado de Cristo. 2 TIMÓTEO 2:3 NVI

Como é bom saber que tu podes usar-me, mesmo com todas as minhas deficiências.

Corrie ten Boom

Aumento dos seus investimentos

O MARIDO dessa mulher paralítica reuniu suas mensagens datilografadas em vários livros, os quais foram repassados de uma pessoa para outra. Ela fez esse trabalho até o momento em que ela morreu. Agora essa senhora está com o Senhor. Quão feliz ela deve estar! Estou certa de que ela deve ter ouvido da boca de muitos que tiveram nas mãos a literatura que ela escreveu: "Foi você que me convidou para estar aqui." Não diga que você não tem saúde ou forças suficientes — você tem mais do que um dedo para usar no trabalho de Deus!

> …prega a palavra, insta, quer seja oportuno,
> quer não, corrige, repreende, exorta
> com toda a longanimidade e doutrina.
> 2 TIMÓTEO 4:2

Senhor, pedimos que nos dês Tua força para te servirmos, não importam as circunstâncias que nos cercam.

Corrie ten Boom

Cura emocional

Se seguimos a Jesus, é possível que muitas vezes sejamos mal compreendidos. Então a amargura poderá invadir nosso coração. Mas não é nossa tarefa convencer nossos amigos. Precisamos lidar com nossos próprios pecados.

> Sonda-me, ó Deus, e conhece o meu coração, prova-me e conhece os meus pensamentos; vê se há em mim algum caminho mau e guia-me pelo caminho eterno. SALMO 139:23,24

Quando as pessoas me fazem ficar com raiva ou me sentir injustiçado, limpa-me, Senhor Jesus, dessas emoções. Mostra-me em que área preciso do Teu perdão.

Corrie ten Boom

21 DE MARÇO

Como devemos perdoar

O PERDÃO é a chave que abre as portas do ressentimento e as algemas do ódio. Ele quebra as correntes da amargura e os grilhões do egoísmo. O perdão de Jesus não apenas remove de nós os pecados, mas também faz como se eles nunca tivessem existido. Esse é o modo como precisamos perdoar. O Espírito nos capacita a agir assim através do amor de Deus em nosso coração.

...perdoai e sereis perdoados. LUCAS 6:37

Senhor, ajuda-me
a perdoar dessa maneira.

Corrie ten Boom

Por que humilhar alguém?

Evite mexericos e calúnias. No dia do juízo, seremos julgados pelos padrões de Jesus, não por modelos humanos. Teremos de responder apenas a Deus por nossas ações.

Lembre-se que, ao apontar um dedo para outra pessoa, há quatro dedos de sua mão apontando para você.

> Mas, tu, por que julgas teu irmão? Ou tu, igualmente, por que desprezas teu irmão? Pois todos compareceremos diante do tribunal de Deus.
> ROMANOS 14:10 KJA

> Quem és tu que julgas o servo alheio? Para o seu próprio senhor está em pé ou cai; mas estará em pé, porque o Senhor é poderoso para o suster. ROMANOS 14:4

Pai, perdoa meu criticismo.

Corrie ten Boom

O perdão sendo apagado

Quando perdoamos alguém, não devemos nos surpreender quando os velhos e irados pensamentos retornam para nós. O mesmo ocorre com nossos pecados já confessados. Podemos ser tentados, ou até mesmo cair, mas temos sido libertos de nossos pecados, e a tentação gradualmente desaparecerá de nossa vida.

> Não vos sobreveio tentação que não fosse humana; mas Deus é fiel e não permitirá que sejais tentados além das vossas forças; pelo contrário, juntamente com a tentação, vos proverá livramento, de sorte que a possais suportar. 1 CORÍNTIOS 10:13

Espírito Santo, ensina-nos como receber o perdão, para perdoarmos aos outros e a nós mesmos.

Corrie ten Boom

Seu amor na vida e na morte

Dois homens morreram no mesmo dia: um no monte, outro no vale. O homem que morreu no monte orou por aqueles que o matavam, e durante Seu terrível sofrimento mostrou compaixão por Sua mãe. Seu nome é Jesus. O outro homem enforcou-se numa árvore que ele mesmo escolheu para si. Seu nome era Judas. Quando você recebe Jesus em seu coração, Ele lhe mostrará Seu amor tanto na vida quanto na morte.

> Portanto, agora existem estas três coisas: a fé, a esperança e o amor. Porém a maior delas é o amor.
> 1 CORÍNTIOS 13:13 NTLH

*Senhor Jesus, obrigado porque
na vida e na morte eu pertenço a ti. Aleluia!*

Corrie ten Boom

Ele aperfeiçoa sua fé

DEUS COLOCOU todos os nossos pecados sobre Jesus Cristo. Jesus pagou a culpa de nossos pecados, conquistando para nós um lugar nos céus. Ter fé nele é possuir a chave que abre a porta dos céus.

> Porque pela graça sois salvos, mediante a fé; e isto não vem de vós; é dom de Deus; não de obras, para que ninguém se glorie. EFÉSIOS 2:8,9

*Obrigado, Jesus, porque podemos olhar par ti,
o Autor e consumador de nossa fé. Senhor, podes fazer
a nossa fé crescer a cada dia?*

Corrie ten Boom

Celebrando a Páscoa

O QUE há de mais precioso na Páscoa é que temos um Salvador ressurreto! O Senhor ressurgiu. Sim, de fato Ele ressuscitou!

> Ele, porém, lhes disse: Não vos atemorizeis; buscais a Jesus, o Nazareno, que foi crucificado; ele ressuscitou, não está mais aqui; vede o lugar onde o tinham posto.
> MARCOS 16:6

Nós anelamos manter a preciosa bênção da Páscoa em nosso coração ao longo de todo o ano, Senhor Jesus. Poderias, através do Espírito Santo, encher nosso coração com o conhecimento e a certeza de que tu estás vivo?

Corrie ten Boom

Força individual

Não devemos ser dependentes de nossas reuniões espirituais. Você e eu somos o que somos quando estamos sozinhos. Encontre sua satisfação em Jesus Cristo. Fale com Ele, ouça-o, olhe para Ele.

...tudo posso naquele que me fortalece. FILIPENSES 4:13

Senhor, faz-me ser firme, independentemente das condições. Obrigado porque tu és o mesmo ontem, hoje e eternamente.

Corrie ten Boom

Gratidão *versus* sentimento

Sentimentos vêm e vão
E sentimentos são enganosos.
Minha garantia é a Palavra de Deus,
Ninguém mais é digno de confiança.

> ...a palavra do Senhor, porém, permanece eternamente. Ora, esta é a palavra que vos foi evangelizada. 1 PEDRO 1:25

Senhor, ajuda-nos a controlar nossos sentimentos e não permitir que eles nos controlem. Nós devemos receber ordens apenas de Tua Palavra e do Espírito Santo, não de nossas emoções.

Corrie ten Boom

Páginas Sagradas e Sua mente santa

A Bíblia é uma espada. Ela pode ser usada tanto para ataque quanto para defesa. Quando você enfrenta Satanás com autoridade, a autoridade de Deus, ele fugirá.

> Ó, Palavra de Deus Encarnada,
> Ó, Sabedoria que vem do alto,
> Ó, Verdade imutável, inabalável,
> Ó, Luz de nosso escuro céu;
> Nós te louvamos por causa de tua luz
> Que emana das páginas sagradas,
> Uma luz para nossos passos,
> Continua brilhando pelos séculos. —WILLIAM HOW

Ele envia a sua palavra... SALMO 147:18 NVI

Senhor, graças pois a Tua Palavra é a espada.
Ela contém tudo o que precisamos
para nos tornar vitoriosos.

Corrie ten Boom

Ele concede — desde o fôlego até a santidade

Algumas vezes, na minha relojoaria, clientes me pediam para consertar um relógio, ainda novo, que não estava funcionando corretamente. Em vez tentar consertá-lo, eu o enviava para o fabricante.

Isso é o que devemos fazer em relação a nossa fé. Se alguma coisa está errada com sua fé, peça que Jesus a restaure. Ele pode fazer isso perfeitamente.

> …corramos, com perseverança, a carreira que nos está proposta, olhando firmemente para o Autor e Consumador da fé, Jesus… HEBREUS 12:1,2

Senhor Jesus, assim como nos concedeste o dom da fé, torna-a plena. Que possamos sempre voltar a ti quando precisamos que ela seja aperfeiçoada.

Corrie ten Boom

Como uma tempestade

A ORAÇÃO é uma força muito importante. No campo de concentração, nós éramos 700 mulheres vivendo numa sala construída para apenas 200 pessoas. Estávamos todas sujas, nervosas e tensas. Certo dia houve uma grande briga entre as prisioneiras. Betsie começou a orar em voz alta até que, finalmente, o tumulto cessou. Então, Betsie disse: "Obrigada, Pai." Uma mulher idosa e cansada foi usada pelo Senhor para acalmar a situação de 700 prisioneiras, através de suas orações.

> Em primeiro lugar peço que sejam feitos orações, pedidos, súplicas e ações de graças a Deus em favor de todas as pessoas. 1 TIMÓTEO 2:1 NTLH

Poderão surgir dias de trevas e aflição,
Quando o pecado tem o poder de tentar, e busca pressionar.
Ainda assim, no dia mais escuro eu não temerei,
Porque em meio às trevas, tu estarás junto a mim.
Obrigado, Senhor Jesus.

Corrie ten Boom

Compelido pela urgência

Poderia um marinheiro cruzar os braços
Ao ouvir o grito de alguém se afogando?
Poderia um médico sentar-se confortavelmente,
Sabendo que um paciente seu está morrendo?
Poderia um bombeiro ver alguém perecendo
E não lhe estender a mão que auxilia?
Pode você sentar-se à vontade em Sião,
Com o mundo ao seu redor sendo condenado?

> Porque qualquer que de mim e das minhas palavras se envergonhar, dele se envergonhará o Filho do Homem, quando vier na sua glória e na do Pai e dos santos anjos. LUCAS 9:26

*Ó, Senhor, perdoa-me
porque tenho sido cego diante da urgência
da pregação do evangelho.*

Corrie ten Boom

Na escola de Deus

Somente podemos entender o propósito de Deus para este mundo, e o que significa ser Seus embaixadores quando nascemos de novo. Então, verdadeiramente conhecemos Jesus. É emocionante estar na escola de Deus! Como Seus representantes pessoais, podemos dizer: "Faça as pazes com Deus".

> Se alguém não nascer de novo, não pode ver o reino de Deus. JOÃO 3:3

Senhor, mostra-me se sou Teu filho, nascido em Tua família. Quão bom é saber que, com absoluta confiança, posso abrir meu coração para que entres nele, e ter a certeza de que tu realizarás aquele milagre que me torna filho de Deus.

Corrie ten Boom

Onde está o desejo intenso?

Não existe exército em que apenas os oficiais lutem. Cada um que faz parte do exército de Deus precisa lutar, mesmo o soldado de patente mais rasa. Quando obedecemos e agimos de acordo com as promessas, estamos na arena da vitória, porque a habilidade de nosso Mestre nos está disponível.

> Assim como o Pai me enviou, eu também vos envio.
> JOÃO 20:21

Deus, envia-nos homens tocados pelo fogo que vem do alto.
Deus, envia-nos homens cheios do amor do Calvário.
Deus, envia-nos homens que estejam cheios do Teu poder.
Deus, envia-nos homens para este dia e para este momento.
Homens que não tenham medo de buscar o perdido,
Homens que irão procurá-los, não importa o custo.
Onde estão estes homens de que precisamos?
Onde estão estes homens?
Quando eles darão ouvidos ao Teu chamado?
Quando, Senhor, quando?
Levanta uma hoste de pessoas que estejam
ardendo com fogo santo,
Homens plenos de Tua presença, com desejo ardente.
Homens que te seguirão sem qualquer hesitação, sem temor.
Deus, envia-nos os homens que irão, agora, oferecer-se
a si mesmos. —LESLEY DEWELL

Corrie ten Boom

Firmes, mesmo em fraqueza

Uma professora da Alemanha Oriental estava ensinando em sua aula que Deus não existe. Depois da aula, ela perguntou quem ainda continuava crendo em Deus, e uma pequena garota se levantou. A professora ordenou que ela permanecesse na classe após as aulas e escrevesse 100 vezes: "Eu não acredito que Deus existe". A menina não conseguia escrever essa declaração, então ela escreveu: "Eu realmente creio que Deus existe". A professora ficou muito zangada e exigiu que a aluna escrevesse a frase mil vezes naquela noite, em sua casa. A garotinha escreveu mil vezes, mas do seu jeito, ainda que soubesse que seria punida, severamente, no dia seguinte na escola.

> Bem-aventurados os perseguidos por causa da justiça, porque deles é o reino dos céus. MATEUS 5:10

Senhor, embora possamos sofrer por causa de nossa fé, nós perseveraremos com Tua ajuda. Tua força será demonstrada mesmo em nossa fraqueza. Aleluia!

Corrie ten Boom

Compartilhando a fonte no deserto

Viajar através do deserto em companhia de outros, sofrendo sede, e então encontrar uma fonte para beber dela, e não partilhar essa descoberta com os outros, retendo o conhecimento apenas para si, é exatamente como desfrutar a companhia de Cristo e não falar nada sobre Ele aos outros.

> Servi uns aos outros, cada um conforme o dom que recebeu, como bons despenseiros da multiforme graça de Deus. 1 PEDRO 4:10

Senhor preciso me humilhar.
Tenho sido egoísta.

Corrie ten Boom

A sabedoria em não compreender

A SABEDORIA humana, mesmo a voz de nosso próprio conhecimento, não deveria ser usada para tentar compreender a Bíblia. Não fique ansioso acerca do que você não compreende nas Escrituras. Preocupe-se com aquilo que você compreende e ainda não pratica.

> Pela fé, entendemos que foi o universo formado pela palavra de Deus, de maneira que o visível veio a existir das coisas que não aparecem. HEBREUS 11:3

Pai, ensina-nos a nos alegrar naquilo que ainda não compreendemos. Não precisamos de grande sabedoria para confiar em ti.

Corrie ten Boom

A grande dádiva

Somente a fé nos possibilita ver a realidade da vitória de Cristo. Nosso entendimento é, muitas vezes, limitado por nosso intelecto; a fé não possui limitações e vê a verdade.

> Ora, a fé é a certeza de coisas que se esperam, a convicção de fatos que se não veem. HEBREUS 11:1

Senhor, nós te agradecemos porque a Tua loucura é a grande sabedoria. Tudo nos pertence através da fé. Ajuda-nos a aceitar a grande dádiva que tu nos estendes. Nós a receberemos e dela desfrutaremos, sem nos preocuparmos com o invólucro com o qual ela vem.

Corrie ten Boom

Assumindo a cruz

O EGO é um caminho estreito. Posso ver muitos pecadores decentes que se encontram numa prisão espiritual porque seu ego está entronizado no seu coração, e Jesus pendurado na cruz. Que libertação acontece quando Jesus limpa o coração com Seu sangue e assume o trono, e o ego vai para a cruz!

> Quem acha a sua vida perdê-la-á; quem, todavia,
> perde a vida por minha causa achá-la-á. MATEUS 10:39

Senhor Jesus, assume o trono do meu coração.
Desejo dar-te todo o meu ser, tomar a minha cruz e te seguir.

Corrie ten Boom

A alegria de pertencer

"Se você abrir concessão em sua entrega, você pode permanecer interessado na vida plena, em todas as riquezas do perdão, amor e paz, mas isso é o mesmo que ficar olhando numa vitrine de uma loja. Você olha através da vitrine, mas não entra para comprar. E não pagará o preço — a entrega total." —E. STANLEY JONES.

> Em verdade, em verdade vos digo: se o grão de trigo, caindo na terra, não morrer, fica ele só; mas, se morrer, produz muito fruto. JOÃO 12:24

Senhor, que alegria é pertencer a ti,
viver no reino da vida plena agora, e saber que
o melhor ainda está por vir. Aleluia!

Corrie ten Boom

Representantes de Deus

Somos representantes de Deus neste mundo. Aprendi com os astronautas, que eram os representantes da Terra na Lua, que eles precisavam ser 100% obedientes. Jesus, através de Sua obediência para com o Pai nos ensinou como podemos ser semelhantes a Ele.

> E reconhecido em figura humana, a si mesmo se humilhou, tornando-se obediente até à morte e morte de cruz. FILIPENSES 2:7,8

Pai, se desejamos conduzir outros a Tua presença, precisamos obedecer-te. Mostra-nos onde temos falhado.

Corrie ten Boom

Confiança pela obediência

Um astronauta estava perfurando uma parte do solo lunar para ver se encontrava algo sob a crosta da lua. A perfuração era um trabalho difícil, e ele enviou uma mensagem à Terra para saber se deveria parar. Seu líder disse que não. O astronauta não questionou a ordem, mas seguiu trabalhando até encontrar o que estava procurando.

Não seria esse um grande exemplo do que deveríamos fazer?

Nós perguntamos: —Senhor, devo parar?

O Senhor responde: —Não, prossiga o trabalho.

Devemos confiar que por meio da obediência atingiremos o objetivo.

> Porque Deus é quem efetua em vós tanto o querer como o realizar, segundo a sua boa vontade. Fazei tudo sem murmurações nem contendas.
> FILIPENSES 2:13,14

Senhor, que nossa obediência possa brilhar como um farol para os outros, insistindo com eles até que declares que nossa obra está terminada.

Corrie ten Boom

O ponto de vista de Deus

Por estarem diante de uma situação séria e perigosa, estou certa de que os astronautas não ficaram questionando a respeito de coisas pequenas. Eles viam tudo na sua proporção correta: coisas grandes como grandes, pequenas coisas como pequenas. Eles confiavam em seu líder, seu equipamento e seu chamado.

> Embraçando sempre o escudo da fé, com o qual podereis apagar todos os dardos inflamados do Maligno. EFÉSIOS 6:16

*Senhor, concede-nos visão para nossa vida
e a respeito do mundo que nos rodeia, de modo que
possamos ver as coisas como realmente são,
a partir do Teu ponto de vista.*

Corrie ten Boom

Fazendo a vontade do Senhor

Muitas vezes não vivemos tão plenamente quanto seria possível, por causa de nossa indisposição em ceder que se coloca como obstáculo no caminho. Abra passagem! Deus não pode santificar o que não está disponível para Ele. Permita que a vontade do Senhor se torne a sua vontade, Seu caminho se torne o caminho por onde você trilha, e assim, toda a insuficiência e incapacidade terrena serão trocados pela plenitude de Sua graça.

> Torna-me cativo, Senhor,
> E então livre serei;
> Força-me a depor minha espada,
> E um conquistador me tornarei.
> Desespero-me ao soarem os alarmes da vida
> Quando tento, por mim mesmo, resistir.
> Envolve-me com Teus braços,
> E Tua força fortalecerá minhas mãos. —GEORGE MATHESON

> Humilhai-vos, portanto, sob a poderosa mão de
> Deus, para que ele, em tempo oportuno, vos exalte.
> 1 PEDRO 5:6

Senhor, torna-me disposto a querer fazer a Tua vontade.

Corrie ten Boom

/ 14 DE ABRIL

Ele deseja prover

Quando sua vida é de entrega a Ele, Deus pode e deseja prover cada uma de suas necessidades todos os dias.

> Porque Deus, o vosso Pai, sabe o de que tendes necessidade, antes que lho peçais. MATEUS 6:8

Senhor, mostra-me o quanto eu ainda tento ser o provedor de minhas próprias necessidades. Ensina-me com Teu Espírito, a confiar em ti.

Corrie ten Boom

Ligação com Jesus

É JESUS quem restaura qualquer ligação perdida entre Deus e nós. Recordo-me de quando minhas conexões estavam rompidas por causa da desobediência. Eu dizia: "Senhor, irei aonde me enviares, mas nunca me mandes para a Alemanha." Quando não recebi nenhuma direção de Deus, perguntei-lhe se havia algum tipo de desobediência em minha vida. O Senhor me disse: "Alemanha." No mesmo momento em que decidi obedecer, minha comunhão foi restaurada! E como Deus abençoou minha estada naquele país!

> Pela fé, Abraão, quando chamado, obedeceu, a fim de ir para um lugar que devia receber por herança; e partiu sem saber aonde ia. HEBREUS 11:8

Senhor não quero perguntar acerca do futuro distante.
O próximo passo é suficiente para mim.

Corrie ten Boom

Seu guia e sua bússola

Nunca tenha temor em confiar a respeito de um futuro desconhecido, se você conhece a Deus. O Senhor procura por homens que confiem completamente nele; e neles Deus manifestará o Seu poder.

> Porque tu és a minha rocha e a minha fortaleza; por causa do teu nome, tu me conduzirás e me guiarás.
> SALMO 31:3

Guia, Cristo, minha nau
Sobre o revoltoso mar,
Tão enfurecido e mau,
Quer fazê-la naufragar.
Vem Jesus, oh! Vem guiar,
Minha nau vem pilotar!
—EDWARD HOPPER (CC 327)

Corrie ten Boom

Ajustando os ouvidos

Você pode perguntar: "Como podemos reconhecer que é a voz de Deus que nos fala?"

Respondo com outra pergunta. Como você conhece a voz das pessoas que lhe são queridas? Você as reconhece porque sempre está ouvindo suas vozes. Ouça sempre em obediência para distinguir a voz de Deus ainda que ela seja bem suave.

> Os teus ouvidos ouvirão atrás de ti uma palavra,
> dizendo: Este é o caminho, andai por ele. ISAÍAS 30:21

Pai, ajusta nossos ouvidos para ouvir Tua voz,
para que sempre possamos ouvir
Teus comandos e também Teu conforto.

Corrie ten Boom

O outro lado da fé

Viver num mundo doente e perigoso, como este em que nós vivemos, requer de nós uma responsabilidade. Quem vencerá o mundo? Aquele que crê em Jesus, o Filho de Deus. Nossa responsabilidade é espalhar a Palavra de Deus em todos os lugares aonde vamos, para que assim, mais pessoas sejam acrescentadas à família do Senhor.

> Porque todo o que é nascido de Deus vence o mundo;
> e esta é a vitória que vence o mundo: a nossa fé.
> Quem é o que vence o mundo, senão aquele que crê
> ser Jesus o Filho de Deus? 1 JOÃO 5:4,5

Sim, Senhor Jesus, eu creio que tu és o Filho de Deus. Isso realmente significa que eu serei usado para vencer o mundo? Ó, que graça, que inexplicável alegria!

Corrie ten Boom

Quanto você pode fazer

A QUESTÃO mais importante não é quanto está sendo feito, mas como Jesus está efetuando o trabalho por seu intermédio. Olhe para cima; o céu de Deus é ilimitado. Aprenda a olhar para Jesus, e mais e mais você descobrirá que Ele está direcionando seus passos errantes na direção do Espírito Santo.

> Estou certo de que ele é poderoso para guardar, até aquele dia, aquilo que ele me confiou.
> 2 TIMÓTEO 1:12 NTLH

Senhor, toma cada dia minha vida,
meu trabalho e todo o meu ser em Tuas mãos.

Corrie ten Boom

Renovado pelo conhecimento

Um médico da Índia me escreveu:

"A grande recompensa deste abençoado trabalho aqui no hospital para leprosos é ver como os pacientes, rapidamente, se transformam em pessoas novas e alegres. No mundo hindu as pessoas leprosas não têm valor algum. Elas logo aprendem a aceitar esse fato. Mas que mudança acontece quando esses leprosos descobrem quão importantes eles são aos olhos de Deus!".

> Por acaso não é verdade que dois passarinhos são vendidos por algumas moedinhas? Porém nenhum deles cai no chão se o Pai de vocês não deixar que isso aconteça. Quanto a vocês, até os fios dos seus cabelos estão todos contados. Portanto, não tenham medo, pois vocês valem mais do que muitos passarinhos.
> MATEUS 10:29-31 NTLH

Pai, não importa o que possa acontecer conosco, sabemos que somos muito importantes aos Teus olhos. Que alegria! Nós te agradecemos por essa segurança!

Corrie ten Boom

Seus mistérios, nosso benefício

Insondável é Seu maravilhoso amor,
Imutáveis são Seus caminhos.
Insondáveis são Suas verdades abençoadas,
Indizível é Seu louvor.

> A mim, o menor de todos os santos, me foi dada esta graça de pregar aos gentios o evangelho das insondáveis riquezas de Cristo. EFÉSIOS 3:8

Embora possamos compreender somente uma pequena parte de Teus mistérios, Senhor, sabemos o suficiente para conduzir pessoas perdidas a ti, pois tu procuras os perdidos e o Teu desejo é nos usar.

Corrie ten Boom

Carregando os fardos

A VONTADE de Deus ou é um fardo que podemos carregar ou um poder que o carrega por nós.

> Quem acha a sua vida perdê-la-á; quem, todavia,
> perde a vida por minha causa achá-la-á.
> MATEUS 10:39

Senhor, mostra-me Tua vontade hoje.
Estou feliz em poder segui-la.

Corrie ten Boom

Sua mão na mão dele

Pela atitude demonstrada quando perdeu todas as coisas, Jó nos ensina uma lição prática. Ele pôde dizer: "o Senhor o deu e o Senhor o tomou; bendito seja o nome do Senhor!

> Ainda que ele me mate, nele esperarei…
> JÓ 13:15 ARC

Gratos te somos, Senhor, porque quando andamos de mãos dadas contigo, nosso casamento, trabalho, ministério e filhos fazem parte de Teu plano vitorioso para nossa vida.

Corrie ten Boom

Trabalhando com Deus

Quando trabalhamos no reino de Deus, estamos trabalhando por Ele e com Ele.

Se você trabalha *para* Deus, tem um comissionamento. Se trabalha *com* Ele, você tem um encontro de oração. Deus realizou milagres quando Pedro e Cornélio se encontraram.

> …Pedro subiu ao terraço para orar. ATOS 10:9 NTLH

> Cornélio respondeu […] eu estava orando aqui em casa. ATOS 10:30 NTLH

> *Senhor, que alegria é ter a segurança de que*
> *podemos e devemos orar juntos.*

Corrie ten Boom

Pontes de perdão

Aquele que não consegue perdoar aos outros destrói a ponte sobre a qual ele mesmo deve atravessar, pois todos precisam ser perdoados.

É muitas vezes mais difícil perdoar do que pedir perdão, mas é de vital importância perdoar. Se você não perdoa, a outra pessoa fica em cativeiro, vulnerável aos ataques de Satanás.

> E, quando estiverdes orando, se tendes alguma coisa contra alguém, perdoai, para que vosso Pai celestial vos perdoe as vossas ofensas. MARCOS 11:25

Pai, faz-nos lembrar de que devemos perdoar.
Muitas vezes estamos tão ocupados em pedir perdão
para nós que nos esquecemos dos outros.
Ou estamos, deliberadamente, retendo o perdão.

Corrie ten Boom

Salas escuras

O ódio é como uma sala escura durante o dia claro. Você não precisa gastar energia para ligar todas luzes dentro da sala. As trevas cessarão ao deixar a luz do sol entrar quando as cortinas forem abertas.

Deixe que o amor de Deus encha seu coração e o ódio não encontrará lugar dentro dele.

> Aquele que diz estar na luz e odeia a seu irmão, até agora, está nas trevas. 1 JOÃO 2:9

*Agradecemos-te, Jesus, porque
enchestes nosso coração do amor de Deus por meio
do Espírito Santo. Grato, Pai, porque Teu amor
dentro de nós vence nosso espírito de falta de perdão,
nossos ressentimentos e nosso ódio.*

Corrie ten Boom

Purificando as emoções

Você pode perguntar: "Jesus é capaz?"

E respondo: "Sim, e você pode obter a vitória através dele." Não acredite no que as emoções estão lhe dizendo. Suas emoções precisam ser purificadas por Jesus.

> Covarde, rebelde e fraco
> Eu mudo como muda o tempo.
> Hoje, tão disposto e corajoso,
> Amanhã, sem desejo de ao menos tentar.
> Mas Ele não desiste,
> E juntos nós iremos vencer,
> Jesus e eu.

...a vitória vem do Senhor. PROVÉRBIOS 21:31

*Senhor, algumas vezes é difícil
enxergarmos nossas vitórias, mas sabemos que
elas estão lá. Agradecemos-te porque
Tua Palavra nos afirma tão claramente que junto
contigo estamos no campo da vitória.*

Corrie ten Boom

Seu suplemento diário

O APÓSTOLO Pedro diz, em 2 Pedro 1:5-7: "Por isso mesmo façam todo o possível para juntar a bondade à fé que vocês têm. À bondade juntem o conhecimento e ao conhecimento, o domínio próprio. Ao domínio próprio juntem a perseverança e à perseverança, a devoção a Deus. A essa devoção juntem a amizade cristã e à amizade cristã juntem o amor" (NTLH).

Parece um alvo muito elevado? Seria se você e eu tivéssemos de alcançá-lo por nossos próprios esforços. Mas, louvado seja o Senhor, tudo isso é o fruto do Espírito.

> Mas o fruto do Espírito é: amor, alegria, paz, longanimidade, benignidade, bondade, fidelidade, mansidão, domínio próprio. GÁLATAS 5:22,23

*Graças te damos, Senhor, porque essa tarefa
é do Espírito Santo. Enche-me.
Tu e eu juntos somos mais do que vencedores.*

Corrie ten Boom

Como Deus tem usado assassinos

Certa vez falei a um grupo de prisioneiros sobre o texto bíblico que diz: "Vós sois a luz a do mundo". Mostrei-lhe que depois de receber o Senhor Jesus como seu Salvador, eles teriam a tarefa de se tornar luzes nas trevas daquela prisão.

Um dos homens disse: "Companheiros, eu li nesta manhã acerca de três assassinos. O nome de um deles era Moisés; outro, Davi; e outro deles, Paulo. Nós os conhecemos como heróis de Deus, mas eles também foram assassinos. Vejam o que Deus fez com esse trio de assassinos! Há esperança para vocês, amigos — e também para mim."

Vós sois a luz do mundo... MATEUS 5:14

Senhor, nós te agradecemos porque é da Tua vontade
usar assassinos como Moisés, Davi e Paulo.
Obrigado porque também queres usar a mim,
um pecador salvo pela graça.

Corrie ten Boom

O verdadeiro artista

Nós somos vasos comuns de barro, cheios do tesouro das riquezas de Deus. O vaso não é importante — mas o tesouro é tudo.

> Temos, porém, este tesouro em vasos de barro, para que a excelência do poder seja de Deus e não de nós.
> 2 CORÍNTIOS 4:7

Pai, é um testemunho de Tua glória que algo tão comum como nosso frágil ser tenha condições de conter Tuas riquezas. Somente um verdadeiro artista pode usar materiais tão simples.

Corrie ten Boom

Holofotes mostram o caminho

Tanto o diabo quanto o Espírito de Deus nos tornam conscientes de nossos pecados. O diabo nos fala que os pecados que cometemos são exatamente o retrato de nossa natureza, que não há esperança para nós, e que permaneceremos assim pelo restante de nossa vida. Ele é mentiroso. Ouça o que o Espírito Santo nos revela por meio da Bíblia. O mais admirável, porém, é saber que o Espírito Santo direciona Seus holofotes para a cruz.

> Minha esperança está firme em nada mais
> Do que o sangue de Jesus e Sua justiça,
> Não me atrevo a confiar na mais doce figura,
> A não ser apoiar-me inteiramente no nome de Jesus.
> Permaneço em Cristo, a Rocha inabalável;
> Tudo o mais é areia movediça. —EDWARD MOTE

A si mesmo [Cristo] se humilhou, tornando-se obediente até à morte e morte de cruz. FILIPENSES 2:8

Nós te damos graças, Espírito Santo,
pois nos convence a desviar os nossos olhos do pecado
e os dirigir para a cruz.

Corrie ten Boom

Nossa busca constante

BUSQUE AO Senhor. Continue o buscando por meio da oração, do estudo da Bíblia e através da comunhão com outros cristãos. Dê a Ele a oportunidade de multiplicar tudo o que já lhe concedeu. Ele anseia lhe conceder todos os recursos. Deus está mais preocupado com os cristãos inoperantes do que com os ateus poderosos.

> Deus pode fazer-vos abundar em toda graça,
> a fim de que, tendo sempre, em tudo, ampla
> suficiência, superabundeis em toda boa obra.
> 2 CORÍNTIOS 9:9

Senhor, desejamos buscar-te constantemente para que possamos acrescentar nosso empenho em Tua obra. Mas que alegria é saber que nós te buscamos porque tu já nos encontraste. Aleluia!

Corrie ten Boom

A intercessão de um amigo

Jesus conquistou vitória sobre vitória; Ele não chegou à vitória depois de um fracasso, como acontece conosco. Jesus intercedeu por você e por mim 2 mil anos atrás!

> Não rogo somente por estes, mas também por aqueles que vierem a crer em mim, por intermédio da sua palavra. JOÃO 17:20

*Senhor Jesus, te agradeço porque tu intercedeste
por mim e porque tu és aquele
que também agora intercedes por mim.*

Corrie ten Boom

Um pouco é o suficiente

O retorno do Senhor ao Céu (uma lenda)

Os anjos lhe deram uma fantástica saudação de boas-vindas.
E se reuniram perto dele, cheios de perguntas,
Acerca de Sua morte, ressurreição e ascensão.
—Para que tudo isso?, perguntaram.
—Para a redenção do mundo. Ele respondeu.
—Mas tu voltaste para cá. Como o mundo poderá saber disso?
—Eu treinei meus discípulos.
—Para evangelizar o mundo todo?
—Sim. De fato. Cada parte do mundo.
—Quantos homens treinaste para essa tarefa gigantesca?
—Um punhado deles.
—Um punhado? Mas, e se eles falharem?
—Se eles falharem? Eu não fiz outros planos.
—Mas isso não é um grande risco?
—Não, eles não irão falhar.

> [Jesus] foi elevado às alturas enquanto eles olhavam, e uma nuvem o encobriu da vista deles. ATOS 1:9 NVI

Senhor Jesus, nós te somos gratos por acreditares em nós e por termos fé em ti, o que nos guarda do fracasso.

Corrie ten Boom

Aqueles pequenos pecados...

Muitos hesitam em aceitar Jesus por que isso significaria abrir mão de algum pecadinho escondido do qual eles gostam. Eles têm conhecimento de sua própria fraqueza. Porém, se colocarem sua vida nas mãos de Jesus, Ele será capaz de prover a força de que necessitam! Nossos pequenos pecados são tão mortais quanto os grandes. Por que apenas confiamos os grandes pecados ao Senhor? Certamente, se Ele foi capaz de nos salvar, Ele também será capaz de nos salvar dos "pecadinhos". Vou mencionar apenas alguns poucos: os excessos, as fofocas e a autopiedade.

> Eu vivo uma vida vitoriosa.
> Não eu, mas Cristo em mim.
> Ele a conquista agora para mim, Ele me liberta.
> Ele a oferece para mim, e eu recebo a vitória.

>...Porque, quando sou fraco, então, é que sou forte.
> 2 CORÍNTIOS 12:10

> *Senhor, quando olho para mim mesmo,*
> *sei que preciso me humilhar. Graças te dou porque*
> *tu me conheces, e porque és vitorioso.*
> *Guarda-me de me apegar ao meu pecado, Senhor.*

Corrie ten Boom

Quando a lei não soluciona tudo

A LEI é muito útil, mas ela não nos dá a resposta completa. Ela mostra os nossos pecados, mas, precisamos da graça para resolver o problema de nosso pecado.

> Corra, João, corra, a lei ordena,
> Mas ela não nos dá nem pés nem mãos.
> Muito melhor notícia o evangelho traz,
> Ele nos convida a voar e nos dá asas.
> —JOHN BUNYAN

...A minha graça te basta...
2 CORÍNTIOS 12:9

Senhor, te agradecemos
porque nos deste tanto a lei quanto a graça.

O que Jesus quer saber

As pessoas algumas vezes me perguntam: "Pode alguém receber a salvação de forma tão rápida?". Peço que elas se lembrem de Levi, o coletor de impostos, que fechou seu escritório e seguiu a Jesus.

"Mas foi Jesus quem o convidou", eles me respondem.

Sim, e quem é Aquele que converte as pessoas hoje? Certamente não somos nós! Jesus as convida para segui-lo; Ele apenas nos usa, no entanto, é para *Ele* que elas dizem sim.

> Porque Deus é quem efetua em vós tanto o querer como o realizar, segundo a sua boa vontade.
> FILIPENSES 2:13

Tudo o que precisamos é simplesmente dizer sim para começar uma nova vida, quando tu nos convidas, Senhor. Não importa quem seja o instrutor humano que uses para a nossa conversão. É o Teu trabalho por intermédio dele que importa.

Corrie ten Boom

Observe os personagens bíblicos

Estude a Bíblia e então observe como as pessoas se comportavam e como Deus lidava com elas. Há um ensino bem específico em cada caso apresentado. Muitas vezes, recebemos respostas aos nossos porquês quando estudamos, na Bíblia, a vida das pessoas.

Leia a história em Lucas 8:22-25. Jesus estava dormindo e a vida dos discípulos corria perigo. Eles estavam com medo. Jesus despertou e logo veio a bonança.

> Quem é este que até aos ventos e às ondas repreende, e lhe obedecem? LUCAS 8:25

*Conserva nossos olhos, Senhor Jesus,
na direção certa, em direção a ti.*

Corrie ten Boom

Canais do poder de Deus

HÁ ESPERANÇA até para o mais terrível dos pecadores quando ele confessa seus pecados e é lavado no sangue de Jesus. Cheio do Espírito Santo, cada ser humano pode ser uma luz para o mundo. As igrejas não têm falta de grandes eruditos nem de pessoas com mentes brilhantes. O que lhes falta são homens e mulheres que possam se tornar canais do poder de Deus. Falta-lhes aquilo que tornou-se acessível no Pentecostes.

> ...mas recebereis poder, ao descer sobre vós o Espírito Santo... ATOS 1:8

Senhor, torna-me hoje um canal de bênção.

Corrie ten Boom

Respirando espiritualmente

A ORAÇÃO tem o mesmo papel que a respiração para os pulmões. A expiração nos livra do monóxido de carbono. A inspiração nos provê ar puro. Exalar é como confessar; e inalar é como ser cheio do Espírito Santo.

Muitas vezes preciso confessar as minhas preocupações. Então, eu conto todas elas para meu Pai celestial. Primeiro expresso meu *arrependimento* antes de pronunciar a palavra *por favor*.

> Você tem algum rio que pensa ser intransponível?
> Tem alguma montanha que não consegue escavar?
> Nosso Deus é especialista em coisas
> que são chamadas impossíveis —
> Ele pode fazer aquilo que ninguém mais consegue.

Perseverai na oração… COLOSSENSES 4:2

Somos-te gratos, Espírito Santo, porque nos ensinas como respirar espiritualmente da maneira correta.

Corrie ten Boom

Apenas uma semente

Algumas pessoas pensam que eu tenho uma grande fé, mas isso não é verdade. Eu realmente não tenho uma grande fé — eu tenho fé em um grande Deus! Jesus disse que se tivéssemos fé do tamanho de um grão de mostarda, isso já seria suficiente para remover montanhas. Entendemos que o importante não é a quantidade, mas a qualidade. O melhor é saber que o Espírito Santo deseja colocar fé em nosso coração. Sua fé em nosso interior tem poder, assim como a semente de mostarda que é pequena, mas tem o poder de gerar fruto.

>...O reino dos céus é semelhante a um grão de mostarda... MATEUS 13:31

Santo Espírito, possa a fé que nos concedes florescer e frutificar.

Corrie ten Boom

Uma antecâmara do céu

Nós somos filhos de Deus. Estamos em meio a uma das mais gloriosas campanhas de que um homem poderia participar. Estamos seguindo no mais nobre caminho que o mundo jamais conheceu. Esta vida é uma escola preparatória, uma antecâmara do céu. Nossas maiores alegrias são apenas os primeiros frutos e o antegozo da alegria eterna que está por vir.

> Olhando para [...] Jesus, o qual, em troca da alegria que lhe estava proposta, suportou a cruz, não fazendo caso da ignomínia, e está assentado à destra do trono de Deus. HEBREUS 12:2

Senhor, guarda-me junto ao Teu coração para que Tua alegria se torne a minha força.

Corrie ten Boom

Uma nova entrega

Certa vez, o Senhor disse a um evangelista: "Você tem trabalhado para mim, por sete anos, com o máximo empenho. Durante todo esse tempo, tenho esperado pelo momento em que eu possa começar a trabalhar através de você." O homem entendeu e entregou totalmente seu trabalho ao Senhor. Daquele momento em diante, grandes bênçãos começaram a surgir em seu ministério.

> Eu sou a videira, vós, os ramos. Quem permanece em mim, e eu, nele, esse dá muito fruto; porque sem mim nada podeis fazer. JOÃO 15:5

Senhor, mostra-me de que maneira podes trabalhar através de mim. Desejo produzir muitos frutos para Tua glória. Entrego todo o meu trabalho e a mim mesmo em Tuas mãos.

Corrie ten Boom

É uma promessa

A IGREJA necessita do poder e dos dons do Espírito Santo mais do que nunca antes. A Bíblia faz promessas especiais a esse respeito.

…mas recebereis poder, ao descer sobre vós o
Espírito Santo… ATOS 1:8

*Agradeço-te, Senhor, porque desejas me usar
tanto no mundo quanto na igreja; e te louvo porque,
através do Espírito Santo podes dar-me
todo o poder de que necessito.*

Corrie ten Boom

Somos como luvas

Tenho aqui uma luva em minha mão. A luva nada pode fazer por si mesma, mas quando minha mão está dentro dela, ela pode fazer muitas coisas. Na verdade, não é a luva, mas minha mão que age dentro da luva. Também somos como luvas. É o Espírito Santo em nós, atuando como a mão, que faz o trabalho. Precisamos abrir espaço para a mão, de forma que todos os dedos da luva fiquem preenchidos.

> Espírito de graça, habita em mim; eu mesmo me tornarei um canal de graça; e com palavras que podem ajudar e curar, Tua vida será revelada em minha vida; e com ações ousadas e tranquilas, eu serei a voz de Cristo meu Salvador.
> —THOMAS LYNCH

Porque Deus é quem efetua em vós tanto o querer como o realizar... FILIPENSES 2:13

Agradeço-te, Senhor, porque sou apenas como a luva; e o Espírito Santo é a mão.

Corrie ten Boom

Poder para andar no Espírito

Precisamos aprender não apenas a ser cheios do Espírito Santo, mas também a permanecer nele. Isso só será possível quando nos tornarmos sensíveis à Sua atuação em nós. Precisamos saber que o segredo para andar no Espírito é imediatamente confessar nossos pecados, e pela fé, pedir a Deus que nos preencha.

> …quanto mais o Pai celestial dará o Espírito Santo àqueles que lho pedirem? LUCAS 11:13

Louvamos-te, Senhor, porque nos disseste que deveríamos ser "cheios do Teu Espírito". Dá-nos o discernimento de que, por meio da obediência a esse mandamento, podemos viver vitoriosamente, para a Tua honra e glória.

Corrie ten Boom

Abrindo espaço para o Espírito

Uma senhora planejou um encontro semanal de mulheres em sua casa, apesar de seu irmão não acreditar que ela pudesse ter sucesso. No dia seguinte, ela orgulhosamente contou a seu irmão que a sala de sua casa estava repleta de convidadas. Na semana seguinte ela relatou a seu irmão que a sala estava mais cheia ainda, e na terceira semana havia mais convidados.

—Impossível! Quando uma sala já está cheia não pode ficar mais cheia. Disse seu irmão.

—Pode sim, a cada semana eu retiro mais um dos móveis da sala. Respondeu ela, com um sorriso.

Você pode ser cheio do Espírito Santo, e estar sempre cada vez mais cheio. Talvez seja preciso retirar algum móvel de seu coração.

> ...e que Cristo habite mais e mais em seus corações...
> EFÉSIOS 3:17 TLB

Senhor, mostra-me se ainda preciso abrir mais espaço em meu coração para o Espírito Santo. Será uma alegria remover aquilo que pode estar no meio do caminho.

Corrie ten Boom

O cerne do problema

As pessoas que oram pelo reavivamento no mundo estão verdadeiramente fazendo a obra de Deus. Mas para que o reavivamento venha, é também necessário que haja pessoas desejosas de se lançar inteiramente à causa do evangelho.

Ó, Santo Espírito, o reavivamento vem de ti;
Envia o reavivamento, começando Teu trabalho em mim.
A Tua Palavra declara que tu suprirás nossas necessidades;
Por Tuas bênçãos, ó Senhor, humildemente te peço agora.

Fazei-o [...] como para o Senhor e não para homens.
COLOSSENSES 3:23

Senhor, qualquer que seja Tua escolha para mim,
dá-me fé e poder para fazê-lo de todo o meu coração.

Corrie ten Boom

O melhor permanece

Quando eu era adolescente, meu pai me pediu que visitasse uma senhora na prisão de nossa cidade. Eu não queria ir porque tinha muito medo de prisões! Hoje, depois que eu mesma estive na prisão, não tenho mais medo. Até mesmo gosto de falar com prisioneiros porque sei como é se sentir atrás daquelas portas que podem ser abertas apenas pelo lado de fora. Mas eu sei que, com Jesus, mesmo que o pior venha a acontecer, o melhor ainda permanece, e Sua luz é mais forte do que as mais profundas trevas.

> Lembrai-vos dos encarcerados, como se presos com eles; dos que sofrem maus tratos, como se, com efeito, vós mesmos em pessoa fôsseis os maltratados.
> HEBREUS 13:3

Senhor, nós te agradecemos porque não nos deste espírito de temor, mas de poder, de amor e uma mente sã.

Corrie ten Boom

Uma escola celestial

Houve três ocasiões em minha vida quando as portas da prisão se fecharam atrás de mim. Foi muito difícil. Muitas vezes experimentamos as portas se fechando atrás de nós quando passamos por problemas intransponíveis. Aprendi, e você também aprenderá, que isso se apresenta como uma matéria bem difícil na escola da vida. Mas você pode aprender muito, especialmente quando o professor é capaz. Meu professor é o Senhor e Ele quer ser seu Mestre também.

> Faze-me, Senhor, conhecer os teus caminhos, ensina-me as tuas veredas. Guia-me na tua verdade e ensina-me, pois tu és o Deus da minha salvação, em quem eu espero todo o dia. SALMO 25:4,5

Somos Teus aplicados alunos, Senhor. A sala de aula é de Tua escolha, as lições fazem parte unicamente de Teu plano para nós. Somos gratos pelo Teu Santo Espírito que nos ensina como estar dispostos a estudar em Tua escola.

Corrie ten Boom

A escolha dos menos capacitados

O PRÓPRIO Deus é a dinamite de todas as Suas demandas. Deus sempre nos supre o poder para fazermos tudo o que Ele requer de nós. Veremos, cada vez mais, que somos escolhidos não por causa de nossas habilidades, mas por causa de Seu poder, que pode ser demonstrado em nossa incapacidade. Jesus foi, é, e será sempre vitorioso; Ele deseja tornar você mais do que vencedor.

> Graças, porém, a Deus, que, em Cristo, sempre nos conduz em triunfo e, por meio de nós, manifesta em todo lugar a fragrância do seu conhecimento.
> 2 CORÍNTIOS 2:14

Nós te somos gratos, Senhor, pela incrível realidade de Tua vitória sobre os problemas de hoje e os de amanhã.

Corrie ten Boom

Aquele que é digno

O IRMÃO André me escreveu:

> Já viajei por todos os países comunistas. Certo dia, parei na Praça Vermelha de Moscou, observando dezenas de milhares de soldados marchando, cantando e gritando: "Nós iremos conquistar o mundo."
>
> Permaneci ali, sozinho, e teria ficado assustado se não tivesse conhecido antes as Escrituras. Então, lembrei-me do texto: "Maior é aquele que está em vós do que aquele que está no mundo." Esse foi um pensamento muito bom — Aquele que é incrivelmente maior do que todo o Exército Vermelho.

> Não temas, porque eu sou contigo; não te assombres, porque eu sou o teu Deus; eu te fortaleço, e te ajudo, e te sustento com a minha destra fiel. ISAÍAS 41:10

Com Tua mão segura bem a minha,
Pois eu tão fraco sou, ó Salvador,
Que não me atrevo a dar nenhum só passo
Sem Teu amparo, meu Jesus, Senhor. (HC 33)

Corrie ten Boom

Homem valente!

Gideão não era um homem forte nem muito preparado, mas o Senhor era com ele, e lhe deu toda a força de que necessitava. Por essa razão, Gideão foi chamado homem valente.

> Então, se virou o Senhor para ele [Gideão] e disse: Vai nessa tua força. JUÍZES 6:14

Somos gratos, Senhor, porque estás conosco e, por isso, receberemos poder e força nas batalhas que nos aguardam adiante. Com nossas fracas mãos nas Tuas poderosas mãos conquistaremos a vitória. Aleluia!

Corrie ten Boom

A fonte da força

O PODER que nós reivindicamos da Palavra de Deus não depende de circunstâncias. Estas poderão ser difíceis, mas o poder oferecido a nós será suficiente.

> ...a suprema grandeza do seu poder para com os que cremos, segundo a eficácia da força do seu poder.
> EFÉSIOS 1:19

Em tempos bons ou em circunstâncias difíceis,
tu nos provês o poder de que necessitamos. Pai, somos
confortados só em saber que temos esse poder
a nossa disposição sempre que dele precisamos.

Corrie ten Boom

Buscando fé para seguir em frente

Certa vez encontrei um jovem que havia sido um criminoso. Ele me falou: —Eu preciso pagar pelo que fiz. Isso significa que terei de ficar na prisão pelo menos por dois anos.

—Pelo que devo orar por você?, perguntei a ele.

—Ore para que Deus proteja o meu tempo devocional e que me livre de todos os meus temores.

Que poder recebeu esse jovem de Deus! Quão frequentemente nos recusamos sofrer as consequências porque isso é algo muito difícil.

> Senhor, deveras sou teu servo, teu servo, filho da tua serva; quebraste as minhas cadeias. SALMO 116:16

Senhor, o que pedes de nós pode não ser muito agradável. Pedimos-te apenas que nos concedas fé para seguir em frente no caminho que nos indicas, e que nos dês poder para te obedecer. Senhor, se for preciso sofrer as consequências, estou pronto.

Corrie ten Boom

O poder que faz a diferença

Por nós mesmos, não somos capazes de resistir bravamente ao sofrimento, mas o Senhor tem toda a força que nos falta e, certamente, demonstrará Seu poder quando estivermos sofrendo perseguições. Não faz diferença se temos muito, pouco, ou mesmo nenhum poder de resistência. Para Jesus isso não importa.

> De boa vontade, pois, mais me gloriarei nas fraquezas, para que sobre mim repouse o poder de Cristo. 2 CORÍNTIOS 12:9

Nós te agradecemos, Senhor, porque nossa força não é importante, pois Teu poder será demonstrado mesmo em nossas fraquezas.

Corrie ten Boom

A paz que Ele promete

Jesus não prometeu mudar as circunstâncias que estão ao nosso redor. Ele prometeu dar muita paz e verdadeira alegria àqueles que aprenderem a crer que Deus realmente controla todas as coisas.

> Pelo contrário, alegrem-se por estarem tomando parte nos sofrimentos de Cristo, para que fiquem cheios de alegria quando a glória dele for revelada. Vocês serão felizes se forem insultados por serem seguidores de Cristo, porque isso quer dizer que o glorioso Espírito de Deus veio sobre vocês.
> 1 PEDRO 4:13,14 NTLH

Que Tua vontade seja feita, Pai.
Mostra-nos que és tu, e não nós, que estás no controle
de nossa vida para nosso próprio bem.

Corrie ten Boom

Ele pode cuidar disso

Alguém me disse certa vez: —Quando me preocupo, vou para a frente do espelho e digo a mim mesmo: "Esse tremendo problema com o qual me preocupo está além das soluções possíveis. É especialmente difícil para Jesus cuidar disso". Então, depois de confessar isso, eu sorrio e fico com vergonha.

> Não se preocupem com nada, mas em todas as orações peçam a Deus o que vocês precisam e orem sempre com o coração agradecido. E a paz de Deus, que ninguém consegue entender, guardará o coração e a mente de vocês, pois vocês estão unidos com Cristo Jesus. FILIPENSES 4:6,7 NTLH

Senhor, ensina-me como sorrir diante das preocupações. Perdoa-me e livra-me da minha incredulidade.

Corrie ten Boom

Quando se preocupar

Se uma preocupação se mostrar tão pequena para ser levada em oração, ela também será pequena o suficiente para se transformar num fardo.

Entregue seus cuidados para Deus! Essa âncora o sustém.
—ALFRED TENNYSON

> Com toda oração e súplica, orando em todo tempo no Espírito. EFÉSIOS 6:18

Pai, relembre-nos de que temos respostas para todas as nossas preocupações. Dá-nos uma visão clara de nossas preocupações e cuidados e de Tuas respostas.

Corrie ten Boom

Praticando a entrega dos fardos

NÃO SOMOS chamados para ser carregadores de fardos, mas para levarmos a cruz e sermos portadores de luz. Podemos lançar nossos fardos sobre o Senhor.

> Confia os teus cuidados ao SENHOR, e ele te susterá; jamais permitirá que o justo seja abalado. SALMO 55:22

*Senhor, ao lançarmos sobre ti
nossas ansiedades, isso nos permite seguir por nosso
caminho com alegria. Somos-te gratos.*

Corrie ten Boom

O futuro é Teu, Senhor

Nós temos um Pai, no céu, que é poderoso. Creia nele e você experimentará milagres. Você vê um futuro aprazível, nesta manhã? Lembre-se de que Deus está no controle.

> Confiai nele, ó povo, em todo tempo; derramai
> perante ele o vosso coração; Deus é o nosso refúgio.
> SALMO 62:8

*Poderemos ver Teus milagres a cada dia, Pai,
se apenas abrirmos os olhos para vê-los.*

Corrie ten Boom

Obedeça para chegar onde você precisa

Uma missionária me escreveu: "Às vezes, a adversidade tenta me desencorajar diante do aparente fracasso. Porém, tomo coragem e recomeço ao me lembrar que Deus não requer de mim o sucesso, mas sim a fidelidade." Jesus diz: "Muito bem, servo bom e fiel", e não "Muito bem, servo bem-sucedido."

> Se alguém me serve, siga-me, e, onde eu estou, ali estará também o meu servo. E, se alguém me servir, o Pai o honrará. JOÃO 12:26

Pai, ensina-nos a obedecer. Aquilo que não está à Tua disposição não podes santificar, assim como o oleiro não pode transformar o barro que não está totalmente em suas mãos.

Corrie ten Boom

Aceitando a vontade de Deus

As CONDIÇÕES de nossa vida estão sempre mudando, por isso, não devo depender das situações que me envolvem. O que importa, acima de tudo, é minha alma e meu relacionamento com Deus. O Senhor se importa comigo, Ele é meu Pai. Todos os cabelos da minha cabeça estão contados. Qualquer que seja a vontade e a permissão de Deus, tudo é direcionado para o meu bem.

> Eis que, como o barro na mão do oleiro, assim sois vós na minha mão. JEREMIAS 18:6

Pai, muitas vezes nós argumentamos contra a Tua vontade, na esperança de evitar que passemos por dificuldades em nossa vida, ainda que elas realmente sejam para o nosso bem. Ensina-nos a aceitar a Tua vontade.

Corrie ten Boom

A teologia do pica-pau

Um pica-pau havia acabado de bater seu bico contra uma árvore no momento exato em que um raio caiu e a destruiu. Ele se afastou voando e disse: "Eu não sabia que meu bico era tão potente!". Quando pregamos o evangelho há o perigo de pensarmos ou dizermos: "Ó, tenho feito um bom trabalho". Não reaja como aquele tolo pica-pau. Reconheça de onde provém a força. É somente o Espírito Santo que pode tornar a mensagem poderosa e fazê-la frutificar.

> Não é uma questão de tentar, mas de confiar.
> Não é de fazer, mas do que já foi feito.
> Nosso Deus já planejou para nós grandes vitórias
> através de Seu Filho.

> Quem saberá contar os poderosos feitos do Senhor?
> SALMO 106:2

*Espírito Santo, torna-nos zelosos
pela honra do Senhor.*

Corrie ten Boom

Quem está carregando o quê?

William Nagenda, um evangelista africano, encontrava-se numa estação com seu filho de três anos. O menino disse: —Papai, quero carregar sua mala. William não quis desapontar o filho, então lhe respondeu: —Você coloca sua mão na minha mão. E então, juntos carregaram a mala até em casa. Quando chegaram, o garotinho contou para a mãe: —Eu carreguei a mala do papai!

Quando temos coisas pesadas para carregar, e quando conseguimos fazê-lo colocando nossas fracas mãos nas fortes mãos do Senhor, seria tolice dizer: —Eu carreguei o fardo. Devemos dar toda a honra devida ao Senhor.

Permanecei em mim, e eu permanecerei em vós.

> Como não pode o ramo produzir fruto de si mesmo,
> se não permanecer na videira, assim, nem vós o
> podeis dar, se não permanecerdes em mim. JOÃO 15:4

Senhor, quando colocas um fardo sobre nós,
também nos concedes a força para carregá-lo.
Perdoa nossa ingenuidade em acreditar que estejamos
fazendo tudo por nossa própria capacidade

Corrie ten Boom

Entregue-se novamente

Oswald Smith contou a seguinte ilustração acerca de como entregar tudo a Deus. Tomou quatro livros em sua mão e colocou-os, um a um, no altar.

"Este é meu dinheiro. Este é meu tempo. Esta é minha casa. Esta é minha família. Tudo pertence ao Senhor. Mas eu reservei um hotel para minhas férias — este dinheiro vou guardar para meu uso." E retirou o primeiro livro. "Sim, eu lhe dei meu tempo, mas o tempo para minhas férias me pertence." E retirou o segundo livro.

"Minha casa é do Senhor. Mas minha irmã está doente e tem seis meninos peraltas. Não posso convidá-los para morar em minha casa nova. Eles vão fazer muita sujeira." E retirou o terceiro livro.

"Minha família pertence ao Senhor. Minha filha queria se tornar missionária. Mas isso não será possível. Ela precisa ajudar sua mãe." E retirou o quarto livro.

Depois que li essa história, percebi que eu havia tomado de volta tudo o que entregara ao Senhor no passado. Assim dediquei novamente minha vida a Ele. Precisamos fazer isso de tempos em tempos. (O Senhor nos dá férias, mas quando elas vêm de Suas mãos, e não as consideramos um direito nosso, elas se tornam uma bênção para todos os que encontramos nesse período.)

> Acaso, não sabeis [...] que não sois de vós mesmos?
> Porque fostes comprados por preço.
> 1 CORÍNTIOS 6:19,20

Toma, Senhor, minha vida, e a consagra para ti.

Corrie ten Boom

Há segurança na entrega

Um rico homem de negócios contou-me acerca do que ele havia entregue ao Senhor. Eu lhe perguntei: —Você entregou 100%?
—Não, apenas 95%. Eu tenho que respeitar as decisões de outros homens em meu trabalho, replicou ele.
—Você já enfrentou a morte diante de seus olhos?
—Sim, durante a guerra.
—Então, você entregou 100%?
—Sim!
—Mas você está diante da morte agora também. E isso pode acontecer a qualquer momento. Todo ser humano sabe que irá morrer em algum momento, e poderia ser hoje. Entregue 100%!

Que segurança é poder pertencer completamente a Jesus, tanto na vida quando na morte!

Quando nosso capitão nos ordena: "Vai",
Não cabe a nós murmurar: "Não."
Aquele que nos dá a espada e o escudo
Também escolhe o campo de batalha
Onde deveremos lutar contra o inimigo.

> Louvar-te-ei entre os povos, Senhor, cantar-te-ei louvores entre as nações. SALMO 108:3

*Senhor Jesus Cristo, que Tua vontade esteja sobre nós,
que Teu comando esteja acima de todo o mundo,
que a Tua glória esteja sobre tudo, agora e para sempre.*

Corrie ten Boom

A joia que você pode encontrar sempre

A Bíblia é indestrutível. Voltaire acreditava que quando completasse 50 anos não haveria mais uma única Bíblia no mundo. Sua casa é agora um centro de distribuição de Bíblias em muitas línguas.

> Passará o céu e a terra, mas as minhas palavras não passarão. MARCOS 13:31

O tesouro que é a Tua Palavra não desaparecerá nem perderá seu valor. Estará disponível para os filhos de nossos filhos. Nós te agradecemos, Pai, por este precioso legado.

Corrie ten Boom

A única direção a seguir

A DIREÇÃO divina está disponível para todos os filhos de Deus que a pedirem. Submeta-se a Ele se você se sentir tentado por desejos humanos. A direção divina não ocorre automaticamente. Essa direção é uma habilidade que requer aprendizado, não um método. É intensamente pessoal.

> Disto também falamos, não em palavras ensinadas
> pela sabedoria humana, mas ensinadas pelo Espírito.
> 1 CORÍNTIOS 2:13

*Senhor, ensina-me agora como receber Tua direção.
Torna-me consciente de Tua amável direção em minha vida.*

Corrie ten Boom

Ajustes espirituais

Ao se submeter à direção de Deus, você descobrirá que Ele tomou o controle de sua vida, ajustando e reorganizando os aspectos que o levaram a sair do caminho. Você nunca encontrará exigências maiores do que aquelas que é capaz de realizar por meio do poder de Deus.

> Não fui sempre assim, tampouco orava
> para que tu conduzisses minha vida;
> Amava escolher o meu caminho, mas agora
> tu me conduzes por onde devo andar.
> —JOHN H. NEWMAN

> Não havendo sábia direção, cai o povo...
> PROVÉRBIOS 11:14

*Pai, perdoa minhas obstinações do passado
e sê meu guia.*

Corrie ten Boom

Ele o conduzirá ao lar

Muito daquilo que temos feito por nossas próprias forças precisa ser eliminado, mas tudo o que fazemos mediante o poder do Senhor tem valor para a eternidade.

Quando Jesus toma sua mão, Ele mantém você junto dele. Quando Jesus está ao seu lado, Ele o dirige por toda a sua vida. Quando Ele o dirige durante a vida, Ele o conduzirá em segurança ao lar. —CASPER TEN BOOM

> Guarda-me, ó Deus, porque em ti me refugio.
> SALMO 16:1

Guarda-me seguro em Tuas mãos, Senhor Jesus, guiando-me em tudo que eu fizer, para Tua glória.

Não é preciso ser um especialista em foguete

A INTERFERÊNCIA direta de Deus normalmente acontece para fazer ajustamentos ou corrigir os caminhos de Seus filhos. Tanto quanto um cientista espacial faria a correção do curso de um foguete que estivesse viajando velozmente para a lua, a orientação de Deus é tão natural, que dificilmente o cristão se daria conta disso. Muitas vezes, no eterno conselho de Deus, Ele age antes que possamos descobrir.

> Ensina-me, SENHOR, o teu caminho e guia-me por vereda plana. SALMO 27:11

Pai, mostra-nos o caminho em que devemos seguir.
Conduz-nos, mesmo que não percebamos
Tua influência em nossas decisões.

Corrie ten Boom

Você pode voar — com o Espírito

Admitir nosso comprometimento com Deus é como entrar em um avião. Estando a bordo, você não tem de se preocupar com a rota, pois essa é a tarefa do piloto. Sua responsabilidade é embarcar no avião certo e, quando necessário, mudar de aviões. O piloto dever ser o guia. Nosso piloto é o Espírito Santo.

> Eu sou o Senhor, o teu Deus, que te ensina o que é útil e te guia pelo caminho em que deves andar.
> ISAÍAS 48:17

Pai, muito obrigado porque o Espírito Santo conduz minha vida, guiando-me no caminho que tu escolheste para eu andar.

Corrie ten Boom

Os atalhos da sinceridade

A SINCERIDADE não é um guia. A sinceridade pode dizer: "Estou seguro de que este avião está indo para Nova Iorque". Você acredita sinceramente nisso, mas o avião está indo para Miami, pois essa é a rota programada para ele, e sua sinceridade não poderá fazer nada para mudar isso!

> Há caminho que ao homem parece direito,
> mas ao cabo dá em caminhos de morte.
> PROVÉRBIOS 14:12

Pai, muitas vezes nós sinceramente achamos que estamos agindo de maneira correta, ainda que estejamos errados. Dá-nos sabedoria por meio do Espírito Santo. Guia-nos para que façamos a Tua vontade e não a nossa.

Corrie ten Boom

O fracasso do esforço próprio

Você já tentou viver de maneira piedosa por seus próprios esforços e depois ficou se perguntando por que falha tantas vezes? Pode uma vassoura ficar em pé sem estar apoiada? Certamente não, ela precisa ser sustentada ou apoiada por algo.

Assim acontece conosco. Assim como uma vassoura, também não conseguimos nos manter por nós mesmos. É necessário que nos entreguemos ao único que pode nos manter em pé.

> Ora, àquele que é poderoso para vos guardar de tropeços e para vos apresentar com exultação, imaculados diante da sua glória, ao único Deus, nosso Salvador, mediante Jesus Cristo, Senhor nosso, glória, majestade, império e soberania, antes de todas as eras, e agora, e por todos os séculos. Amém!
> JUDAS 24,25

Confiando em nós mesmos fracassamos, Senhor. Agradecemos-te porque tu és nosso apoio e nosso guia.

Corrie ten Boom

A medida do seu coração

Quando Deus mede uma pessoa, Ele coloca a fita métrica em volta do coração e não da cabeça dela.

> O Senhor não vê como vê o homem. O homem vê o exterior, porém o Senhor, o coração. 1 SAMUEL 16:7

*Senhor, como é bom saber que tu não vês
como o homem vê e que a Tua medição é perfeita.*

Corrie ten Boom

Sempre ao alcance dele

Não podemos confiar em nós mesmos para fazer o que é certo. Podemos nos tornar muito presunçosos por um lado e muito desesperados por outro. Confie somente no Senhor para guiá-lo.

> Tudo, ó Cristo, a ti entrego;
> Tudo, sim, por ti darei!
> Resoluto, mas submisso,
> Sempre, sempre, seguirei!
>
> Tudo entregarei!
> Tudo entregarei!
> Sim, por ti, Jesus bendito,
> Tudo deixarei!
> —J. W. VAN DE VENTER (CC 295)

...para que sejais ricos de esperança no poder do Espírito Santo. ROMANOS 15:13

Senhor, que alegria é saber que estou dentro dos limites em que Teu amor pode alcançar e me confortar. Tua vontade é perfeita; a minha é falha. Guia-me em perfeita obediência à Tua perfeita vontade.

Corrie ten Boom

Vivendo no alto

Olhe sempre para o alto. Olhar para cima é mais saudável do que olhar para baixo. O olhar de Deus é como a lareira de uma casa, que aquece nosso coração e nossas mãos.

> Não foi o espírito deste mundo que nós recebemos, mas o Espírito mandado por Deus, para que possamos entender tudo o que Deus nos tem dado.
> 1 CORÍNTIOS 2:12 NTLH

Senhor, somos muito agradecidos por Tuas promessas que iluminam nosso caminho e deixam bem claro qual a nossa parte em Teu plano.

Corrie ten Boom

Deus jamais esquece uma promessa

Um homem que estava morrendo disse:

—Eu não consigo me lembrar de uma única promessa. Deus, porém, não esquece nenhuma.

> Pedimos a Deus que vocês se tornem fortes com
> toda a força que vem do glorioso poder dele,
> para que possam suportar tudo com paciência.
> COLOSSENSES 1:11 NTLH

*Obrigado, Senhor, pois Tuas promessas
duram para sempre.*

Corrie ten Boom

Testemunhe

Deixe a Bíblia falar. Use todo apelo das Escrituras, ainda que as pessoas que estejam ouvindo não creiam. Testemunhar, e não defender, é nosso dever primário na proclamação do evangelho.

> A minha língua celebre a tua lei…
> SALMO 119:172

*Pai, ajuda-nos a falar com autoridade,
a autoridade da Tua Palavra.*

Corrie ten Boom

Compartilhar a glória e a dor

O Corpo de Cristo tem sofrido muita perseguição. Mais de 60% dos cristãos em todo o mundo estão passando por tribulações. Se você é um cristão, deve sentir com eles as dificuldades e ajudá-los em intercessão, e sempre que possível, escrever-lhes e prestar assistência àqueles que os socorrem. Watchman Nee disse: "Quando meus pés se machucam minhas mãos doem." De modo prático, precisamos ter empatia para com aqueles que estão sofrendo e apoiá-los com nossas orações.

> …nos mesmos nos gloriamos de vós nas igrejas de Deus, à vista da vossa constância e fé, em todas as vossas perseguições e nas tribulações que suportais.
> 2 TESSALONICENSES 1:4

Senhor, quando alguém dentre nós sofre por ti,
todos nós sofremos, pois somos
todos um no Corpo de Cristo. Compartilhamos a dor
assim como compartilhamos a glória.

Corrie ten Boom

Olhe além deste mundo

Está você pronto para sofrer por Aquele que sofreu por você? Deseja ser obediente? Ele deseja usar o sofrimento pelo qual você está passando para torná-lo digno do Seu reino. Somos cidadãos do céu. Nosso olhar vai além deste mundo.

> Porque para mim tenho por certo que os sofrimentos do tempo presente não podem ser comparados com a glória a ser revelada em nós. ROMANOS 8:18

Senhor Jesus, tu és vitorioso.
Agradecemos-te pela alegria de termos sido chamados
pelo amoroso e poderoso Rei dos reis!

Corrie ten Boom

Fortalecendo-se para suportar

Eu soube que alguns russos estavam passando por grandes tribulações e perseguições. Ouviram que estávamos orando por eles, mas jamais pediram: "Orem para que Deus faça cessar essa perseguição." Eles disseram: "Orem para que Deus nos dê forças para a suportarmos por Ele."

> É por isso que nas igrejas de Deus falamos com orgulho sobre vocês. Nós temos orgulho de vocês por causa da paciência e da fé que vocês mostram no meio de todas as perseguições e sofrimentos. Esta é uma prova de que Deus é justo na sua maneira de julgar... 2 TESSALONICENSES 1:4,5 NTLH

Senhor Jesus, tu sofreste por mim — o que eu estou sofrendo por ti?

Amor tão surpreendente...

No campo de concentração passamos pelo calvário de ser despojadas de todas as nossas roupas e ficar despidas por várias horas. Era mais difícil, mais cruel do que qualquer coisa que já tivéssemos experimentado.

Enquanto permanecia ali em pé, era como se eu estivesse vendo Jesus na cruz. A Bíblia nos relata que tiraram Suas vestes e Ele ficou nu. Através de meu sofrimento, pude compreender uma pequena fração dos sofrimentos de Jesus e fiquei feliz e agradecida, pois poderia suportar meu sofrimento.

> Amor tão surpreendente, tão divino,
> que requer a entrega de minha alma,
> minha vida, meu tudo. —ISAAC WATTS

> Em seguida os soldados o crucificaram...
> MATEUS 27:35 NTLH

Pai, quando tivermos de passar
por sofrimentos, mostra-nos Jesus na cruz.

Corrie ten Boom

Entrando no paraíso

Eu ESTAVA observando a filmagem de *O refúgio secreto*. A mulher que saiu da prisão parecia cansada e com frio. Então, vi a mulher que fazia o papel de Coorie ten Boom. Ali estava eu, sentada e olhando para minha própria história! Subitamente, aquilo foi muito forte para mim. Não pude mais segurar minhas lágrimas. Mas ao reviver aquele momento fui curada. Eu sabia que havia passado por aquele tempo de sofrimento. Aprendi a lição de que eu poderia compartilhar essa experiência com muitas pessoas ao redor do mundo.

> Nosso pequenino tempo de sofrimento não pode ser comparado a nossa primeira noite quando chegarmos ao céu. —SAMUEL RUTHERFORD

> Jesus lhe respondeu: […] hoje estarás comigo no paraíso. LUCAS 23:43

Obrigado, Senhor Jesus, por tudo o que sofreste por nós na cruz, por causa dos nossos pecados.

Corrie ten Boom

O que resta, quando tudo mais falha?

Viva sua vida com amor, a mesma forma de amor que Cristo demonstra para conosco, o qual Ele expressou perfeitamente quando ofereceu a si mesmo como sacrifício para Deus. O amor não é líquido como a água; ele é sólido como a rocha, na qual as ondas do ódio batem inutilmente.

O amor jamais acaba... 1 CORÍNTIOS 13:8

Somo gratos a ti, Senhor, porque
teremos toda a eternidade para te agradecer
e louvar-te por Teu amor.

Corrie ten Boom

Que reflitamos o amor divino!

Há dois tipos de amor — o amor humano e o amor divino. O amor de Deus nunca falha, mas o amor humano sim. Por nosso intermédio Deus manifesta o amor dele ao mundo.

> Nisto consiste o amor: não em que nós tenhamos amado a Deus, mas em que ele nos amou e enviou o seu Filho como propiciação pelos nossos pecados.
> 1 JOÃO 4:10

Senhor, desejo agir em amor
para com os outros. Torna-me um pequeno reflexo
de Teu amor, pois um pequeno reflexo
pode iluminar um canto escuro. Muito obrigado!

Corrie ten Boom

O que fica quando nossos amados se vão?

O LUGAR ao meu lado, onde Betsie dormia, ficou vazio. Ela havia morrido. Fui em direção a uma prisioneira russa que estava procurando um lugar para dormir. Ela, muito agradecida, juntou-se a mim.

Estávamos compartilhando o mesmo travesseiro, e com nossas faces tão próximas, eu queria falar. Mas não conhecia seu idioma.

—*Jezus Christus?*, perguntei suavemente.

—Ó!, ela exclamou. E, rapidamente fazendo o sinal da cruz, estendeu os braços para mim.

Aquela, que havia sido minha irmã por 52 anos, tinha me deixado.

Uma mulher russa agora suplicava meu amor. Eu ainda encontraria outras pessoas que seriam minhas irmãs e irmãos em Cristo, ao redor do mundo.

> Em verdade vos digo que ninguém há que tenha deixado casa, ou mulher, ou irmãos, ou pais, ou filhos, por causa do reino de Deus, que não receba, no presente, muitas vezes mais e, no mundo por vir, a vida eterna. LUCAS 18:29,30

Senhor, quando te aceitamos como nosso Salvador, tu nos recebes na família mundial, repleta de amorosos irmãos e irmãs. Obrigado por essa dádiva de comunhão.

Corrie ten Boom

Profundo, formidável, magnificente

Deus nos recebe com o mesmo amor eterno que Ele tem por Seu Filho. Alguma vez você duvidou do amor de Deus? Eu jamais duvidei. Alguma vez você duvidou do amor de Deus por Seu Filho? Nunca! Você e eu somos recepcionados por esse amor. Que alegria! Que valor imenso!

> Ó, amor de Deus, quão profundo e grandioso
> Mais profundo do que o mais cruel ódio humano.
> Incompreensível e incomparável,
> Além de todo o conhecimento e toda imaginação.

…andai em amor, como também Cristo nos amou…
EFÉSIOS 5:2

Senhor, nós agradecemos e louvamos o Teu nome porque nos recebes! Quão indescritivelmente grande isso é!

Corrie ten Boom

Seu amor o leva mais adiante

Um pássaro não sabe que pode voar antes de usar suas asas. Nós aprendemos sobre o amor de Deus em nosso coração tão logo começamos a agir de acordo com ele.

> Ninguém jamais viu a Deus; se amarmos uns aos outros, Deus permanece em nós, e o seu amor é, em nós, aperfeiçoado. 1 JOÃO 4:12

Graças te damos, Senhor Jesus,
porque derramaste em nosso coração o amor de Deus
por meio do Espírito Santo, que nos concedeste.

Corrie ten Boom

Demonstrando amor divino

Quando eu era garotinha, meu pai costumava me colocar na cama à noite. Ele falava comigo, orava comigo e colocava sua grande mão em minha pequenina face. Eu nem me movia porque desejava sentir sua enorme mão sobre o meu rosto. Era um conforto para mim.

Mais tarde, quando já estava no campo de concentração, algumas vezes eu orava: "Pai celestial, poderias colocar Tua mão em minha face?". Então isso me trazia paz e eu era capaz de dormir. Porque meu pai mostrou-me seu amor paternal, eu pude mais tarde entender o amor do Pai celestial. Pais e mães, demonstrem seu amor para com seus filhos.

> …Com amor eterno eu te amei…
> JEREMIAS 31:3

Pai nosso, quer sejamos pais ou avós, ajuda-nos a refletir
Teu amor para com nossos filhos e netos a fim de
levá-los a confiar naqueles que lhes destes para protegê-los
aqui na Terra. Que assim eles possam encontrar
o caminho quando necessitarem do auxílio do Pai celestial.

Corrie ten Boom

Dependentes de Deus?

O GRANDE potencial do amor e poder de Deus está disponível para nós, mesmo nas situações mais triviais da vida diária.

> Podem os homens dizer que você ama a Jesus?
> Podem eles ver, através de sua vida e da minha,
> Em nossos caminhos e ações diárias,
> Que temos essa vida divina concedida por Deus?

> …Pai nosso, que estás nos céus, santificado seja o teu nome. MATEUS 6:9

Senhor, mostra-nos hoje, em cada circunstância que experimentamos, que somos filhos dependentes do amoroso Pai celestial.

Corrie ten Boom

Maravilhas indescritíveis

As RIQUEZAS prometidas na Bíblia são muito difíceis de serem descritas porque são meras reproduções terrenas das riquezas celestiais. Os autores bíblicos geralmente usavam o prefixo "in":

Insondável — Seu maravilhoso amor
Imutáveis — Seus caminhos
Inescrutáveis — Suas abençoadas verdades
Indizível — Seu louvor
Inimaginável — Seu esplendor
Indescritível — Sua alegria e seus dons
Inumeráveis — Seu exército de anjos

> Ó profundidade da riqueza, tanto da sabedoria
> como do conhecimento de Deus!... ROMANOS 11:33

Senhor, sinceramente, fico maravilhado
diante da insondável complexidade de Teu conhecimento
e de Tua sabedoria. Como poderia o ser humano,
alguma vez, entender as razões de Teus atos ou explicar
o Teu modo de agir?

Corrie ten Boom

Um antegozo do céu

Admira-me, imensamente, o modo como o Senhor cria uma ligação entre os cristãos de todos os continentes, independentemente de raça e cor.

> O meu mandamento é este: que vos ameis uns aos outros, assim como eu vos amei. JOÃO 15:12

*Pai, declaramos a unidade de Teus filhos
ao redor de todo o mundo. Nós te agradecemos pela
comunhão que mantemos uns com os outros.
Isso é um antegozo do céu.*

Corrie ten Boom

O que Jesus deixou para trás

Os primeiros cristãos desenhavam o contorno de um peixe em seus lares, túmulos e catacumbas para que pudessem identificar uns aos outros. O peixe era usado porque a palavra grega para peixe era um código simples, em que cada letra representava uma palavra. As cinco letras são um acrônimo para as palavras Jesus Cristo, Filho de Deus, Salvador.

Cada joelho se dobrará diante de Jesus,
Cada língua confessará Seu nome.
Cada joelho se dobrará diante de Jesus,
Aqui, com alegria, ou lá, com vergonha.
Curve-se diante de Jesus, curve-se diante de Jesus,
Curve agora seu coração diante de Jesus.

Ele é a cabeça do corpo, da igreja...
COLOSSENSES 1:18

Como é agradável estar em companhia do Teu povo,
Senhor, e de todos os outros que
vieram antes de nós, como Teus servos!

Corrie ten Boom

Imprevistos úteis

Certa vez, um guarda de fronteira da antiga Alemanha Oriental me reteve em seu escritório por três horas. Ele queria saber sobre meu trabalho, mas à medida que o tempo passava, pude sentir que sua atitude se tornava mais amistosa. Eu estava impaciente por causa do tempo perdido, preocupada com todo o trabalho que eu tinha de realizar naquele país, no entanto, usei esse tempo para tentar conduzir ele e sua secretária ao Senhor. Antes de me liberar, ambos aceitaram a literatura que lhes ofereci. Ao me preparar para sair, ele explicou: "Sinto muito por ter atrasado sua viagem, mas o que você fez aqui é mais importante do que a visita que você vai fazer a seus amigos". O Senhor usou aquelas três horas para levar Suas boas-novas a duas pessoas que andavam nas trevas. E eu tinha ficado impaciente!

> ...não procuro a minha própria vontade, e sim a daquele que me enviou. JOÃO 5:30 NTLH

Até mesmo os atrasos e inconvenientes podem vir de ti,
Senhor, e servem para Teus propósitos quando
servimos de canal entre ti e as pessoas que encontramos.
Livra-nos da impaciência. Não nos deixes
ignorar as pessoas que necessitam de Tua Palavra.

Corrie ten Boom

Provando o poder de Deus

Devemos nos lembrar de que a Palavra de Deus permanece para sempre, e Seus mandamentos são os mesmos para hoje como o foram para Seus discípulos há 2 mil anos. Aqueles que lhes obedecem podem provar do mesmo poder do Deus onipotente.

> E aquele que guarda os seus mandamentos permanece em Deus, e Deus, nele... 1 JOÃO 3:24

Obedecemos aos Teus mandamentos com alegria, Pai. Nossa disposição para obedecê-los não procede do medo, mas do amor. Tu nos dás tanto e nos pedes tão pouco em troca!

Corrie ten Boom

No campo dos milagres

Quando Deus me pede que visite um país, obedeço a Sua direção. Assim, quando vi que a funcionária de uma agência de viagem alterou minha rota eu lhe telefonei imediatamente.

—Por que eu devo sair de Sydney para Telavive e depois para a Cidade do Cabo, em vez de partir de Sydney diretamente para a Cidade do Cabo?

—Sinto muito, mas não há um lugar para reabastecimento no Oceano Índico.

—Bem, não posso mudar meus planos. Acho que terei de orar para que Deus faça surgir uma ilha no Índico!

Depois de alguns minutos, ela me liga de volta, dizendo que recebeu um telegrama da Qantas (empresa aérea australiana), anunciando que a companhia conseguiu um ponto de reabastecimento na Ilhas Cocos [oceano Índico] e por isso, agora há um voo direto de Sydney para a Cidade do Cabo.

> Confia no Senhor de todo o teu coração e não te estribes no teu próprio entendimento. PROVÉRBIOS 3:5

Pai, confiando em ti somos levados para o campo dos milagres. É tão bom saber que tu não cometes erros quando traças planos para nós!

Corrie ten Boom

Dando glórias a Deus

Quando eu encontrei Sadhu Sundar Singh na Europa, ele estava completando uma volta ao mundo. As pessoas lhe perguntavam:

—Não é perigoso você receber tanta honra assim?

A resposta de Sadhu era:

—Não. O jumentinho foi para Jerusalém, e colocaram vestes no solo onde ele pisava. Ele não ficou orgulhoso por isso. O jumentinho sabia que nada havia sido feito para honrá-lo, mas para honrar a Jesus, que estava assentado sobre ele. Quando as pessoas me honram, eu sei que a honra não é para mim, mas para o Senhor, quem faz a obra.

> Tu és digno, Senhor e Deus nosso, de receber a glória, a honra e o poder, porque todas as coisas tu criaste, sim, por causa da tua vontade vieram a existir e foram criadas. APOCALIPSE 4:11

Senhor, quando as pessoas nos honram pelas coisas que fazemos, sabemos que a honra é verdadeiramente para ti.

Corrie ten Boom

Você iria?

Vamos orar para que Deus envie obreiros para os campos da colheita. Eles parecem maduros. Talvez você seja um dos que devem ir. Seja obediente e responda ao chamado do Senhor. Você nunca experimentará real alegria se não fizer a vontade do Pai. E não se esqueça de que o Senhor é especialista nos impossíveis. Há paz quando estamos no centro de Sua vontade. Peça que o Senhor o guie em obediência. É possível que onde você esteja, em sua casa, escritório, ou trabalho, esteja o campo missionário em que a colheita deva ser feita. Pode ser que Ele deseje que seu campo seja bem longe. Peça a Ele que lhe mostre Sua vontade.

...o Deus da paz [...] vos aperfeiçoe em todo o bem, para cumprirdes a sua vontade... HEBREUS 13:20,21

Graças te dou, Senhor, por Teu perfeito plano para minha vida. Faz que eu tenha o desejo de realizar aquilo que me pedes para fazer.

Corrie ten Boom

A fome que Ele pode saciar

HÁ UMA fome em nosso coração que nunca é satisfeita, a não ser por Jesus. Você se sente solitário e faminto? Você tem problemas que não consegue resolver? Sente-se perseguido e sem saída? Venha a Ele.

> E o Deus da esperança vos encha de todo o gozo e paz no vosso crer, para que sejais ricos de esperança no poder do Espírito Santo. ROMANOS 15:13

Jesus, te agradeço porque por Tua constante presença, assim eu nunca me sinto só. Segura firme a minha mão, Senhor. Embora as aflições possam me atingir, elas jamais irão me derrotar.

Corrie ten Boom

Brilhando no planeta Terra

Nós somos como a lua. Deus é nosso sol. Se o planeta Terra se coloca entre a lua e sol, fica escuro. A insegurança do mundo é a matéria-prima de nossa fé. Entregar-se ao inimigo significa morte, mas render-se a Jesus significa vida. Confesse, comprometa-se, suplique por Sua presença.

> ...para que vos torneis irrepreensíveis e sinceros, filhos de Deus inculpáveis no meio de uma geração pervertida e corrupta, na qual resplandeceis como luzeiros no mundo. FILIPENSES 2:15

> *Senhor, somos gratos por Tua graça.*
> *O mundo está cada vez mais temível,*
> *mas tu és a nossa salvação.*

Corrie ten Boom

Ele vai resolver toda a confusão de alma

Jesus é capaz de desfazer toda a confusão de alma e banir todos os complexos. Ele transformará até mesmo aqueles padrões de hábitos arraigados, não importa quão profundamente estejam gravados em seu subconsciente.

> Se, porém, algum de vós necessita de sabedoria, peça-a a Deus, que a todos dá liberalmente e nada lhes impropera; e ser-lhe-á concedida. TIAGO 1:5

Temos hábitos que acreditamos não podermos romper, atitudes que não conseguimos mudar. Dá-nos o desejo de pedir Tua resposta, Senhor.

Corrie ten Boom

Disponível para você

É uma alegria saber que Deus jamais abandona Seus filhos. Ele guia fielmente a todos os que aceitam Sua orientação.

> Guia-me, ó grande Jeová,
> Eu, um peregrino nesta terra estéril.
> Sou fraco, mas tu és poderoso,
> Segura-me com Tua forte mão. —WILLIAM WILLIAMS

> …a sua misericórdia dura para sempre, e, de geração em geração, a sua fidelidade. SALMO 100:5

Senhor, torna-nos sempre prontos para fazer a Tua vontade, não a nossa. Teu poder nos está disponível para que o usemos quando seguimos Tua orientação. Que conforto!

Corrie ten Boom

Vivendo no amor Deus

Por meio do sangue de Cristo nós estamos inseridos no círculo do amor e propósitos de Deus, pois Cristo é a nossa paz.

> E continuem vivendo no amor de Deus, esperando que o nosso Senhor Jesus Cristo, na sua misericórdia, dê a vocês a vida eterna. JUDAS 21 NTLH

Consideramos tudo como perda, comparado ao privilégio inestimável, à irresistível preciosidade, à sublimidade, à vantagem suprema de te conhecer, Senhor Jesus. Estamos te conhecendo cada vez mais profunda e intimamente.

Corrie ten Boom

Quando você está se perguntando...

Muitas vezes nós nos perguntamos por que Deus permite que certas coisas nos aconteçam. Tentamos entender as circunstâncias de nossa vida, e somos deixados sem resposta. Mas o Espírito Santo nos mostra que Deus não se engana.

> Pois aquilo que parece ser a loucura de Deus é mais sábio do que a sabedoria humana, e aquilo que parece ser a fraqueza de Deus é mais forte do que a força humana. 1 CORÍNTIOS 1:25 NTLH

Pai, não conseguimos compreender Teus objetivos, e sem essa compreensão, nossa vida parece um grande labirinto. Mas sabemos que tu conheces o final do caminho e nos guiarás através de todos as esquinas e becos sem saída.

Corrie ten Boom

Seja simples

Quando você falar com pessoas que têm alguma deficiência mental, por favor, diga-lhes que Deus as ama. Muitas vezes elas podem desfrutar o amor de Deus mais do que as pessoas que têm problemas por causa de suas dúvidas intelectuais.

> Pois Deus, na sua sabedoria, não deixou que os seres humanos o conhecessem por meio da sabedoria deles. Pelo contrário, resolveu salvar aqueles que creem e fez isso por meio da mensagem que anunciamos, a qual é chamada de "louca".
> 1 CORÍNTIOS 1:21 NTLH

Senhor, concede-nos coragem para falar a verdade com simplicidade, de modo que todos possam entendê-la. Alguns irão nos ridicularizar pela falta de um pensamento sofisticado, por isso, precisamos de Tua coragem para permanecermos na simplicidade. Mas sabemos que Tua "loucura" é mais sábia do que a sabedoria dos homens.

Corrie ten Boom

O poder que pode salvar o mundo

A MAIOR coisa que uma pessoa pode fazer por outra é orar por ela. A oração conquista a vitória: qualquer outro serviço que prestemos é simplesmente colheita dos resultados de oração.

> ...com toda oração e súplica, orando em todo tempo no Espírito... EFÉSIOS 6:18.

Pai, pessoalmente podemos alcançar tão poucas pessoas, mas por meio da oração tu nos permites ajudar até mesmo aquelas pessoas que jamais encontraremos neste mundo. Nós te somos gratos por esse importante meio de realizar o Teu trabalho.

Corrie ten Boom

O Espírito intercede por nós

A MÃE viu o garotinho sentado num canto da sala dizendo:

—ABCDEF.

—O que você está fazendo?, ela perguntou.

—Mamãe, você disse que eu deveria orar, mas nunca orei em minha vida e nem sei como fazer uma oração. Então, eu orei todo o alfabeto e pedi a Deus que fizesse uma boa oração com essas letras.

Aquele menino entendeu um pouquinho do que Paulo diz em Romanos 8:26 — que o Espírito Santo nos ajuda a orar. Sim, Ele ora através de nós.

> …porque não sabemos orar como convém, mas o mesmo Espírito intercede por nós sobremaneira, com gemidos inexprimíveis. ROMANOS 8:26

Senhor, como é bom saber que tu fazes tudo bem,
e juntos somos capazes de orar e viver para Tua honra.

Corrie ten Boom

Limpador de janelas sujas

O QUE são as asas para um pássaro, as velas para um navio, assim é a oração para a alma.

> Murmuramos e gritamos,
> explodimos com nossa emoção.
> Gaguejamos e reclamamos;
> nossos sentimentos são feridos.
> Não podemos entender as coisas.
> Nossa visão fica turva,
> quando tudo o que precisamos
> é de um momento com Ele.

...orar sempre e nunca esmorecer.
LUCAS 18:1

*Somos gratos, Senhor,
porque podemos e devemos orar.*

Corrie ten Boom

Veja as respostas

A ORAÇÃO nunca dever ser uma desculpa para a falta de ação. Neemias orou, mas também tomou providências para se proteger — ele usou o senso comum. Como resultado, aquilo que não havia sido feito em 100 anos foi completado em 52 dias.

> O muro ficou pronto [...] em cinquenta e dois dias.
> NEEMIAS 6:15 NVI

Santo Espírito, rogamos que nos dês sabedoria,
especialmente quando não conhecemos claramente
o equilíbrio entre a oração e a ação.

Corrie ten Boom

Os fundamentos de uma construção

Após a construção dos muros, um grande reavivamento tomou conta de Jerusalém. O poder de um homem, Neemias, em comunhão com Deus, foi muito bem empregado. Hoje, a maior necessidade é que o povo viva em comunhão com Deus.

> O Deus dos céus fará que sejamos bem-sucedidos.
> Nós, os seus servos, começaremos a reconstrução…
> NEEMIAS 2:20 NVI

Pai, nosso poder fica limitado enquanto não chegamos bem perto de ti. Quando estamos contigo, podemos fazer qualquer coisa que tu pedes de nós.

Corrie ten Boom

Nós somos o que somos

Meu pai me disse várias vezes:

—Meu nome está em minha relojoaria, mas o nome de Deus é que deveria estar nesta loja. Sou um relojoeiro pela graça de Deus.

Sei que meu pai foi, primeiramente, um cristão, depois, um homem de negócios.

> Mas, pela graça de Deus, sou o que sou; e a sua graça, que me foi concedida, não se tornou vã; antes, trabalhei muito mais do que todos eles; todavia, não eu, mas a graça de Deus comigo. 1 CORÍNTIOS 15:10

Senhor, que prazer e segurança é saber que pertenço a ti, com tudo o que sou e tudo o que possuo, no meu trabalho e na minha vida cotidiana.

Corrie ten Boom

Ligados com Jesus

Quando eu era pequena, tinha a certeza de que Jesus era um membro da família ten Boom. Era tão fácil falar com Ele quanto conversar com minha mãe ou meu pai. Jesus estava lá. Eu estava mais próxima da realidade da verdadeira presença de Jesus do que alguém que faz da comunhão com Deus um problema de lógica e raciocínio.

> Porque, onde estiverem dois ou três reunidos em meu nome, ali estou no meio deles. MATEUS 18:20

Senhor, quão maravilhoso é sermos Teus amigos,
sentir que tu estás perto de nós em cada momento, e saber
que Teu amor por nós jamais diminui.

Corrie ten Boom

A riqueza de ser pobre

Papai e mamãe viveram no limite da pobreza, e sua felicidade não era dependente das circunstâncias que os rodeava. Seu relacionamento um com o outro e com o Senhor dava-lhes força e alegria.

> Deus é o nosso refúgio e fortaleza, socorro bem presente nas tribulações. SALMO 46:1

Senhor Jesus, contigo ao nosso lado, de que mais precisaremos? Com Teu amor, temos o melhor; sem Teu amor, seremos realmente pobres, quaisquer que sejam as circunstâncias.

Corrie ten Boom

E se Jesus fosse seu chefe?

Quando papai separava um relógio para consertar e depois o colocava novamente junto aos demais, era uma tarefa que ele fazia sem levar em consideração a condição social ou a riqueza do seu proprietário. Ele nos ensinou que é mais importante o que Deus pensa acerca do trabalho que você faz, do que você mesmo ou as outras pessoas pensam.

> Servos, obedecei em tudo ao vosso senhor segundo a carne, não servindo apenas sob vigilância, visando tão somente agradar homens, mas em singeleza de coração, temendo ao Senhor. Tudo quanto fizerdes, fazei-o de todo o coração, como para o Senhor e não para homens. COLOSSENSES 3:22,23

Senhor, como nos alegramos quando tu ages em nossa vida, mesmo as pequenas ações são importantes. Podemos pedir Tua disciplina e vitória em nosso trabalho de cada dia.

Corrie ten Boom

Ele indica o caminho

Deus nos dá dois tipos de direção. O primeiro é inconsciente para nós, e nos é dado quando nossa vida está comprometida com Jesus. A segunda maneira é uma direção especial, por exemplo, quando Deus quer nos conduzir em um novo rumo — uma nova tarefa ou um novo campo de trabalho.

> Instruir-te-ei e te ensinarei o caminho que deves
> seguir; e, sob as minhas vistas, te darei conselho.
> SALMO 32:8

Precisamos receber Tua sabedoria para conduzir
nossa vida, Pai. Ajuda-nos a conhecer
Tua vontade para que possamos tomar as grandes decisões
que alteram nossa vida de tempos em tempos.

Corrie ten Boom

Planejando em oração

Não devemos estabelecer nossos planos sem a direção de Deus. Trace seus planos sempre com oração. Mas esteja certo de que o Senhor esteja indo à frente, e de que você não esteja imprudentemente correndo à frente dele.

> Ele me conduz! Ó, que abençoado sentimento!
> Ó, palavras repletas de conforto celestial.
> O que quer que eu faça, onde quer que eu esteja,
> Ainda assim é a mão de Deus que me conduz.
> —JOSEPH H. GILMORE

O Senhor te guiará continuamente...
ISAÍAS 58:11

Senhor, concede-nos paciência
para esperar Tua direção. Guarda-nos de
ações precipitadas, não importa
o quão certas elas nos pareçam ser no momento.

Corrie ten Boom

Há muito mais

Enquanto eu estava visitando o Comando de Defesa Aeroespacial da América do Norte (NORAD), no Colorado, falei com um general. Ele tinha um rádio comunicador e me disse que dispunha de "um radar de comunicação que ia além do horizonte" tanto para se comunicar com o presidente quanto com outros contatos estratégicos, durante 24 horas por dia.

Então me lembrei de que também tenho "um radar de comunicação que vai além do horizonte" por meio do Espírito Santo. Tenho contato com meu Pai celestial e conheço todos os pontos estratégicos.

> Podemos ver apenas um pouquinho
> do Deus amoroso,
> Uns poucos exemplos de Sua poderosa provisão.
> Mas bem adiante, muito além do horizonte,
> Há muito muito mais, muito mais.

…Não temas […] teu galardão será sobremodo grande. GÊNESIS 15:1

Nós te somos gratos, Senhor. Não precisamos temer, pois o Espírito Santo está conosco como nosso protetor e nosso guia.

Corrie ten Boom

Deus nos ajuda

Antes da Primeira Guerra Mundial, eu trabalhava como relojoeira. Quando minha mão não estava suficientemente firme e tinha que colocar uma peça num lugar exato do relógio, eu orava:

—Senhor Jesus, poderias colocar a Tua mão sobre a minha?

Ele sempre me atendeu, e com nossas mãos unidas eu podia trabalhar com segurança e firmeza.

Jesus não falha conosco, nem sequer por um momento.

> A mão do Senhor estava com eles...
> ATOS 11:21

*Senhor, lembra-nos sempre
de que tu estás conosco. Nós te agradecemos
porque cuidas até mesmo dos
pequenos problemas. Tu respondes as
nossas menores necessidades.*

Corrie ten Boom

Vivendo como filhos do Rei

Jesus pagou, na cruz, toda a dívida do pecado que pesavam sobre você. Peça as riquezas que já lhe pertencem através dele. Viva como um filho do Rei, não como um mendigo!

> …ele nos deu as suas grandiosas e preciosas promessas, para que por elas vocês se tornassem participantes da natureza divina… 2 PEDRO 1:4 NVI

Somos gratos, Senhor Jesus, porque nos libertaste do pecado e nos concedeste acesso ao tesouro da graça, para que pudéssemos desfrutar dele. Essas riquezas são para nós maiores do que todo o ouro e a prata que há neste mundo.

Corrie ten Boom

Quando não é possível

Não pergunte:

"Posso ser livre do pecado, se eu continuar perto dele?".

Em vez disso, pergunte:

"Posso ser livre do pecado, se Ele estiver perto de mim?".

Então você verá como Ele é fiel. Confesse, humilhe-se e admita seus erros. Mantenha fechada a porta para o pecado por meio do sangue de Jesus e do Seu nome.

> ...porque surgirão falsos cristos e falsos profetas operando grandes sinais e prodígios para enganar, se possível, os próprios eleitos. MATEUS 24:24

Quão bom é saber que está escrito "se possível", Senhor!
Quão bom é saber que não é possível para nós,
tu mesmo nos concedes a graça e o discernimento
de que precisamos

Corrie ten Boom

Linha celestial

Os ASTRONAUTAS americanos que foram à Lua precisavam estar em constante contato com seu líder. Quando a conexão era interrompida, eles não podiam fazer absolutamente nada até que o contato fosse restabelecido. Quando sua conexão com Deus é interrompida por causa do pecado, você precisa fazer o que a Palavra determina para restabelecer o contato.

> Filhinhos meus, estas coisas vos escrevo para que não pequeis. Se, todavia, alguém pecar, temos Advogado junto ao Pai, Jesus Cristo, o Justo. 1 JOÃO 2:1

> Se confessarmos os nossos pecados, ele é fiel e justo para nos perdoar os pecados e nos purificar de toda injustiça. 1 JOÃO 1:9

Senhor Jesus, nós te agradecemos porque restabeleces todo o contato interrompido quando vamos a ti e confessamos nossos pecados.

Corrie ten Boom

Olho para Jesus

Muitas vezes tive de enfrentar a morte quando eu era prisioneira. Ao ver a fumaça saindo do crematório, eu perguntava a mim mesma: "Quando chegará minha vez de ser morta?". Eu não sabia que uma semana antes de eles matarem todas as mulheres da minha idade, eu seria libertada mediante um milagre de Deus e um erro administrativo. Quando se enfrenta a morte, você enxerga tudo de modo muito simples. Eu vi que o diabo era muito mais forte do que eu, mas então eu olhava para Jesus. Ele é forte, muito mais forte do que o diabo. Com Jesus, eu era muito mais forte do que o diabo.

> Graças a Deus, que nos dá a vitória por intermédio de nosso Senhor Jesus Cristo. 1 CORÍNTIOS 15:57

Senhor Jesus, graças te damos
porque quando estamos trabalhando contigo
somos sempre vitoriosos. Aleluia!

Corrie ten Boom

Uma pequena distância

Hoje é o dia da salvação. Algumas pessoas perdem o céu por causa de 30 centímetros — a distância entre a cabeça e o coração. Um dos mais bem-sucedidos ardis de Satanás é: "Espere um pouco". Mas precisamos ouvir a voz de Deus.

> Porque com o coração se crê para justiça e com a boca se confessa a respeito da salvação. ROMANOS 10:10

Senhor, se tu ainda não está em meu coração,
mas apenas em minha cabeça, por favor, desça até
meu coração. Enche-o com Tua vida,
por meio de Tua graça. Obrigado, Senhor Jesus.

Corrie ten Boom

A graça que produz coragem

Algumas vezes o diabo fala sobre nossos pecados e nos conduz ao desânimo. Ele tira a nossa coragem. "Você será assim durante toda a vida. Não há esperança para você." O diabo é mentiroso. Nós somos aquilo que somos em Jesus.

> Foi na cruz, foi na cruz onde um dia eu vi,
> Meu pecado castigado em Jesus!
> Foi ali, pela fé, que meus olhos abri,
> E eu agora me alegro em Sua luz!
> —RALPH E. HUDSON (CC 396)

> Sempre dou graças a [meu] Deus a vosso respeito, a propósito da sua graça, que vos foi dada em Cristo Jesus. 1 CORÍNTIOS 1:4

Senhor, muito obrigado por Teus dons da graça e da paz. Quando sabemos que somos perdoados, encontramos vitória e alegria, apesar do que o diabo diz.

Corrie ten Boom

Sua obra é completa

O PECADO pode interromper nossa comunhão com Deus. Nossa maior alegria é saber que a Bíblia tem a resposta para essa questão. Quando confessamos nossos pecados, o Senhor é fiel e nos perdoa.

> Desfaço as tuas transgressões como a névoa e os teus pecados, como a nuvem. ISAÍAS 44:22

*Obrigado, Senhor Jesus, por esta
abençoada solução para o problema do meu pecado:
a cruz. Ali tu fizeste tudo o que era necessário
para destruir meu pecado. Guarda-me junto de ti, Senhor,
para que eu contemple Tua maravilhosa graça.*

Corrie ten Boom

O cinto da verdade

Você é honesto? Então vá até sua estante e verifique quais livros você tomou emprestado e devolva-os. Você não deve roubar.

...cingindo-se com o cinto da verdade...
EFÉSIOS 6:14 NVI

Senhor, agradecemos-te porque temos a armadura espiritual de Efésios 6, e podemos ser vitoriosos tanto contra os pecados "decentes" e "indecentes".

Corrie ten Boom

Para salvação, não para debate

As RIQUEZAS da Bíblia nos pertencem, mas muitos continuam a debater sobre sua interpretação. Para aqueles que ainda não aceitaram o Salvador Jesus Cristo, e, portanto, aqueles que estão perdidos, é o mesmo que ficar discutindo com o bombeiro, que tipo de mangueira deve ser usada se sua casa estiver pegando fogo!

> Quem és tu que julgas o servo alheio? Para o seu próprio senhor está em pé ou cai; mas estará em pé, porque o Senhor é poderoso para o suster.
> ROMANOS 14:4

Senhor, sabemos que não é da nossa conta decidir quem está certo e quem está errado em qualquer tipo de assunto. Tuas promessas são para nossa salvação e não para serem debatidas.

Corrie ten Boom

Deus não tem netos!

NASCER EM uma família cristã faz de alguém um cristão? Não! Deus não tem netos. Cada pessoa deve decidir por si mesma pelo Senhor.

...se alguém não nascer de novo,
não pode ver o reino de Deus. JOÃO 3:3

Senhor, dá-nos muita sabedoria
para ensinar Tua Palavra aos nossos filhos,
para que, quando te revelares a eles,
possam estar ansiosamente esperando por ti.

Corrie ten Boom

Apenas uma súplica

Aqui está uma oração que pode ser usada por alguém que deseja aceitar o Senhor: Jesus, peço-te que habites em mim. Sou pecador. Tenho confiado em mim mesmo e em minhas boas obras, mas hoje ponho minha confiança em ti. Eu te aceito como meu Salvador pessoal. Creio que tu morreste por mim. Eu te aceito como meu Senhor e Mestre. Ajuda-me a abandonar meus pecados e a te seguir. Aceito Teu perdão e o dom da vida eterna. Eu te agradeço por tudo isso. Amém.

> Porque Deus amou ao mundo de tal maneira que deu o seu Filho unigênito, para que todo o que nele crê não pereça, mas tenha a vida eterna. JOÃO 3:16

Oração para o conselheiro: Senhor Jesus, tu ouviste esta oração. Uma vez tu disseste: "O que vem a mim, de modo nenhum o lançarei fora". Senhor, que recepção maravilhosa! Peço que Teu Santo Espírito conceda a esta pessoa a segurança da vida eterna. Que dês a ela a bênção da certeza de que seus pecados foram perdoados. Muito obrigado.

Corrie ten Boom

… 10 DE AGOSTO …

O crédito não é do mensageiro

—Muito obrigada, Corrie! Uma mulher me disse certo dia, depois que eu lhe havia mostrado o caminho da salvação e eu a desafiara a tomar sua decisão por Jesus.

—Quão indelicada você está sendo. Alguém bate à porta do seu coração, e em vez de falar com ele, você vem agradecer a mim. Jesus perguntou alguma coisa para você?, respondi.

Em seguida tivemos uma conversa juntas. Por fim, ela disse: —Ó, agora posso entender! Perdoa-me, Senhor Jesus. Sim, vem morar em meu coração. E Ele veio.

—Fale com Ele. Reconheça todos os pecados que Ele encontrou em você e arrependa-se. *Agora* você pode me agradecer!, eu lhe disse.

> Graças a Deus, que nos dá a vitória por intermédio de nosso Senhor Jesus Cristo. 1 CORÍNTIOS 15:57

Senhor, torna-nos conscientes de que,
como Teus mensageiros, não somos importantes.
A Tua mensagem é que importa.

Corrie ten Boom

Você está aberto às oportunidades?

CERTO DIA, quando eu tinha 5 anos, minha mãe me observava brincando em casa. Ela me viu batendo à porta de um vizinho imaginário e aguardando que ele atendesse. Foi quando ela me disse:

—Corrie, eu sei quem está batendo à sua porta, esperando que você atenda. É Jesus. Você gostaria de convidá-lo a entrar em seu coração?

Eu disse sim e pedi que Jesus entrasse em meu coração. Ela colocou sua mão em minha cabeça e oramos juntas.

Será que uma criança pode compreender as coisas espirituais? Eu sei que Jesus se tornou mais real em minha vida desde aquele dia. As crianças precisam ser direcionadas, e não deixadas sem rumo.

> Ensina a criança no caminho em que deve andar,
> e, ainda quando for velho, não se desviará dele.
> PROVÉRBIOS 22:6

Senhor, concede-me a oportunidade
de hoje conduzir uma criança para ti. Sei que o Senhor
é a maior dádiva que posso oferecer a essa criança.

Corrie ten Boom

Mistérios que nos foram confiados

Somos ministros de Cristo. Somos depositários dos mistérios de Deus que têm sido confiados a nós. Seja um servo fiel.

> Assim, pois, importa que os homens nos considerem como ministros de Cristo e despenseiros dos mistérios de Deus. Ora, além disso, o que se requer dos despenseiros é que cada um deles seja encontrado fiel. 1 CORÍNTIOS 4:1,2

Aqui estou, Senhor. Aceitei Tuas promessas de me transformar em um servo Teu. Obrigado por Tua graça e por minha salvação. Toma minha vida e usa-me.

Corrie ten Boom

De maneira nenhuma

Pedro disse: "Não, Senhor!". Mas ele teve de aprender que ninguém pode dizer não enquanto diz "Senhor", e que ninguém pode dizer Senhor enquanto diz não.

> Dai ouvidos à minha voz, e eu serei o vosso Deus, e vós sereis o meu povo. JEREMIAS 7:23

Senhor, torna-me sensível a Tua vontade.
Eu sei que isso pode me conduzir
a uma vida vitoriosa para Tua honra.

Corrie ten Boom

Ajoelhar-se como um camelo?

Assim como um camelo se ajoelha diante de seu mestre para que este remova sua carga no final do dia, você também deve se ajoelhar diante do Mestre para que Ele retire seu fardo.

> Confia os teus cuidados ao Senhor, e ele te susterá; jamais permitirá que o justo seja abalado. SALMO 55:22

*Senhor, remove nossos fardos a cada dia
para que possamos ser renovados e fortalecidos
para a jornada do dia seguinte.*

Corrie ten Boom

Os caminhos de Deus

Algumas vezes os caminhos de Deus são incompreensíveis. Ele fez que o povo israelita contornasse a terra dos Filisteus, embora a passagem através da terra deles fosse o caminho mais curto.

> Porque os meus pensamentos não são os vossos pensamentos, nem os vossos caminhos, os meus caminhos, diz o Senhor. ISAÍAS 55:8

Pai, quando questionamos Teus caminhos, ajuda-nos a lembrar que não precisamos entender tudo completamente, mas o que sabemos seja o suficiente para obedecer.

Corrie ten Boom

Além dos próprios desejos

Antes de morrer no campo de concentração, minha irmã Betsie foi inspirada pelo Senhor a me mostrar que trabalho eu deveria fazer após a guerra.

Quando tive de deixar aquele trabalho eu me senti muito triste. Fiquei em estado de depressão até que alguém me disse que essa forma de me manter ligada a pessoa a quem amava e que havia morrido não era saudável. Então eu me libertei, e o Senhor me concedeu muita paz.

> Para a liberdade foi que Cristo nos libertou.
> Permanecei, pois, firmes. GÁLATAS 5:1

Senhor, os desejos das pessoas que amamos são uma
agradável servidão, mas somente quando
esses desejos não nos impedem de continuar fazendo
a Tua obra. Ajuda-nos a quebrar os laços
que precisam ser rompidos.

Corrie ten Boom

Lance fora os "se tão somente"

OPORTUNIDADES PERDIDAS!

Se tão somente...

É bom que lamentemos as oportunidades perdidas, mas é completamente errado nos sentirmos infelizes por causa delas. Você não pode olhar para o passado sem encontrar coisas pelas quais se arrepende. Isso deveria ser assim mesmo. Mas nós devemos estabelecer uma distinção sutil entre o arrependimento legítimo e uma condição incorreta do coração. Entregue a Deus os seus "se tão somente".

Pense naqueles trabalhadores da vinha na parábola contada por Jesus em Mateus 21:1-6. Todos receberam os mesmos salários, embora alguns tivessem trabalhado o dia todo e outros apenas durante uma hora. Compare com a vida de alguém. Alguns chegam ao reino de Deus no fim da vida. Eles podem lamentar o tempo, no passado, em que não estavam servindo a Cristo. Mas o que importa mesmo é que eles estão no Reino. O que realmente conta, se você é um cristão, não é o que você foi, mas o que é agora.

> Restituir-vos-ei os anos que foram consumidos pelo gafanhoto migrador, pelo destruidor e pelo cortador... JOEL 2:25

Senhor Jesus, entrego a ti os meus "se tão somente".
Torna-me um servo fiel aqui e agora.

Corrie ten Boom

# Tudo o que precisamos

Por que Jesus pode confiar a nós a proclamação de Sua Palavra? Porque Ele nos deu o Espírito Santo e a Bíblia; e isso é tudo o que precisamos.

> A mim, o menor de todos os santos, me foi dada esta graça de pregar aos gentios o evangelho das insondáveis riquezas de Cristo. EFÉSIOS 3:8

Pai, obrigado por providenciares para Teu exército todo o suprimento necessário. Mesmo o mais fraco dos soldados se torna poderoso quando carrega consigo o equipamento correto.

Corrie ten Boom

Erros que se tornam bênçãos

Durante minha visita ao Japão, pedi, por engano, a uma pessoa não-cristã que fizesse a oração de encerramento do encontro. Ele admitiu que não era cristão e por isso eu mesma orei. Depois do encontro, ele me procurou para explicar por que não poderia ter orado. Agora eu tinha uma oportunidade de ter uma conversa produtiva com ele, e ele aceitou o Senhor Jesus. Você consegue ver? Por causa do meu engano, trocando um nome por outro, um homem teve a oportunidade de ser levado a Jesus! Deus não tem problemas, apenas planos.

> Pois, pela morte de Cristo na cruz, nós somos libertados, isto é, os nossos pecados são perdoados. Como é maravilhosa a graça de Deus.
> EFÉSIOS 1:7 NTLH

Nós te agradecemos, Senhor,
porque mesmo os nossos enganos se tornam
úteis para os Teus propósitos.

Corrie ten Boom

20 DE AGOSTO

Da confusão à purificação

O ANJO anunciou que Jesus salvaria o povo dos pecados deles (Mateus 1:21). Às vezes, não compreendemos esta verdade e mesmo depois de aceitar a Jesus como nosso Salvador, ainda nos preocupamos com um pecado que cometemos no passado e continuamos a carregar esse fardo. É como se escrevêssemos depois das palavras do anjo, "com exceção deste pecado que eu cometi". Tenho certeza de que é o diabo, o acusador dos irmãos, que nos apresenta essa mentira. Ouça a voz do Espírito Santo, não a do mentiroso.

> Aquele que não conheceu pecado, ele o fez pecado por nós; para que, nele, fôssemos feitos justiça de Deus. 2 CORÍNTIOS 5:21

Senhor, eu me regozijo em ti.
Perdoa minha confusão e purifica meu coração
e pensamentos de tudo aquilo que é errado.

Corrie ten Boom

O evangelho não é incompleto — nem pobre

A INFELICIDADE na vida cristã acontece com muita frequência devido a nossa incapacidade de perceber a grandeza do evangelho. O evangelho não é algo parcial. Ele influencia toda a vida, toda a história, todo o mundo. Ele fala acerca da criação e do julgamento final, e tudo mais que ocorre no intervalo desses dois acontecimentos. Ele apresenta uma visão completa da vida. Ele cobre todas as ocorrências em nossa experiência de vida. O evangelho significa o controle e o governo de tudo o que acontece em nossa vida. Devemos habitar nas riquezas da Cristo.

> Habite, ricamente, em vós a palavra de Cristo…
> COLOSSENSES 3:16

Quão grande és tu! Somos-te gratos, Senhor Jesus,
porque vieste para nos tornar
ricos filhos do Rei, em vez de pobres mendigos.

Corrie ten Boom

Deus restaura

O MOMENTO em que nos tornamos cristãos se torna alvo especial da atenção de Satanás. Muitas vezes ele usa a ferramenta do ridículo e do desânimo para que não façamos a obra de Deus. O seu propósito é arruinar e destruir a obra do evangelho.

> Tendo Sambalate ouvido que edificávamos o muro, ardeu em ira, e se indignou muito, e escarneceu dos judeus. NEEMIAS 4:1

Senhor, obrigado por tuas vivas promessas, como: "Quem é o que vence o mundo, senão aquele que crê ser Jesus o Filho de Deus?". Guarda-nos junto ao Teu coração para que possamos ver as coisas como elas realmente são, a partir do Teu ponto de vista.

Corrie ten Boom

Centrado na visão celestial

Você acredita que o Filho de Deus veio do céu, teria vivido e feito tudo o que fez na Terra, que morreu na cruz e ressuscitou, que subiu ao céu e enviou seu Santo Espírito para nos deixar em um estado de confusão? Certamente que não; isso é impossível.

> E a vida eterna é esta: que te conheçam a ti, o único Deus verdadeiro, e a Jesus Cristo, a quem enviaste.
> JOÃO 17:3

Santo Espírito, Verdade divina,
Habita em minha alma.
Palavra de Deus e Luz interior,
Desperta meu espírito, limpa minha visão.
—SAMUEL LONGFELLOW

Corrie ten Boom

Ele pode nos dar todas as coisas

O PROBLEMA com uma pessoa que não tem o claro entendimento da justificação pela fé é que ela continua tentando se tornar justa por seu próprio esforço. É impossível você levantar a si mesmo, tentado erguer-se pegando em seu próprio colarinho.

> Deus pode fazer-vos abundar em toda graça, a fim de que, tendo sempre, em tudo, ampla suficiência, superabundeis em toda boa obra. 2 CORÍNTIOS 9:8

Senhor Jesus, abre meus olhos para que eu possa ver as muitas bênçãos da eternidade que podemos usufruir aqui e agora.

Corrie ten Boom

Espere e veja

Não atribua apressadamente todas as coisas a Deus. Não acredite tão facilmente que sonhos, vozes, impressões, visões e revelações sempre procedem de Deus. Tudo isso pode vir dele, da natureza ou até mesmo do diabo.

> Amados, não deis crédito a qualquer espírito; antes, provai os espíritos se procedem de Deus... 1 JOÃO 4:1

Nós te agradecemos, Santo Espírito,
porque nos deste o dom do discernimento de espíritos.
Que mantenhas clara a nossa visão.

Corrie ten Boom

Procure Deus, não Suas dádivas

Olhe para Jesus. Eu olhei para Ele, e a pomba da paz entrou em meu coração. Eu olhei para a pomba da paz... e a paz se foi.

Uma vez era a bênção, agora é o Senhor.
Uma vez era um sentimento, agora é a Palavra.
Uma vez era a dádiva que eu desejava, agora é o Doador.
Uma vez era a cura que eu procurava, agora é somente Ele.

Toda boa dádiva e todo dom perfeito são lá do alto, descendo do Pai das luzes... TIAGO 1:17

Senhor, graças por tudo o que me tens dado, mas te agradeço muito mais por quem tu és.

Corrie ten Boom

O que você pode saber com certeza

Todas as pessoas sabem muito bem que não há segurança no mundo de hoje. O conhecimento deveria ser contado como uma bênção, pois o conhecimento abre caminho para a Palavra de Deus.

> Passará o céu e a terra, porém as minhas palavras não passarão. MATEUS 24:35

Quando as pessoas se sentem inseguras, elas precisam de ajuda. Senhor Jesus, em ti, nós devemos ajudá-las. Usa-nos para ajudar todos aqueles que ouvirão.

Corrie ten Boom

Você sabe o que Jesus fez hoje?

Muitos cristãos não compreendem o trabalho que Jesus está realizando hoje. Eles se esquecem de que Ele atua como nosso Advogado junto ao Pai, purificando-nos de nossos pecados assim que os confessamos.

> ...Se, todavia, alguém pecar, temos Advogado junto ao Pai, Jesus Cristo, o Justo. 1 JOÃO 2:1

Obrigado, Jesus, por Teu amor e porque tu estás constantemente intercedendo por nós.

Corrie ten Boom

O dia em que eu deveria morrer

Eu era o número 66.730 no campo de concentração. Um dia, na hora da chamada fui colocada no primeiro lugar da fila. Por que me chamaram? Poderia ser aquele o meu dia de morrer?

Ao meu lado estava uma jovem holandesa. Fiquei ali com ela por um longo tempo, e então eu pensei: "Talvez essa seja a última oportunidade de pregar o evangelho, porque daqui a pouco eles irão me matar". Tivemos uma longa conversa e mostrei a ela todo o caminho da salvação.

> ...remindo o tempo, porque os dias são maus.
> EFÉSIOS 5:16

Faz-nos ser fiéis em Teu trabalho, Senhor, não importa em que circunstâncias.

Corrie ten Boom

Vá além do conhecimento

Perguntei à jovem que estava ao meu lado na fila: —Você já leu a Bíblia?

—Não, nunca, ela me respondeu.

—Você conhece o Senhor Jesus?

—Quem é Ele?

Então falei a ela acerca de Jesus e como Ele morreu na cruz por todo o mundo. Perguntei-lhe: —Você alguma vez já pensou que necessita de um Salvador? Tem a consciência de que você é o que a Bíblia chama de pecador?

—Sim, sei que sou pecadora, ela reconheceu.

—Se tiver de morrer aqui, você estará pronta?

—Não!

—Jesus é a resposta. Ele morreu pelos pecados de todo o mundo, e também pelos seus pecados.

> Meu triste pecado por meu Salvador,
> Foi pago de um modo cabal;
> Valeu-me o Senhor, oh mercê sem igual,
> Sou feliz, graças dou a Jesus! —H. G. SPAFFORD (CC 398)

> Se confessarmos os nossos pecados, ele é fiel e justo para nos perdoar os pecados... 1 JOÃO 1:9

Senhor, isso é muito mais do que eu poderia ter.
Que maravilhoso Salvador tu és!!

Corrie ten Boom

Lista de chamada

Continuei minha conversa com a garota que encontrei na fila.

—Você sabe que quando pede a Jesus que venha habitar em seu coração, Ele lhe concede paz? Em uma hora, talvez, eles irão me matar, mas não estou com medo. Eu sei que pertenço a Jesus e irei para o céu.

—Eu gostaria de conhecê-lo, ela disse.
—Então fale com Ele em seu coração. Ele irá ouvi-la.

> Eu sou a ressurreição e a vida. Quem crê em mim, ainda que morra, viverá; e todo o que vive e crê em mim não morrerá, eternamente. Crês isto?
> JOÃO 11:25,26

Senhor, muito obrigado porque jamais rejeitas qualquer pessoa que se achega a ti.

Corrie ten Boom

Usando cada momento

No dia em que pensei ser o meu último dia de vida, aquela garota holandesa que estava ao meu lado me perguntou:

—Como você conhece tudo isso que me falou sobre Jesus?
—Conheço através da leitura da Bíblia, respondi.

Ela aceitou o Senhor Jesus enquanto estivemos juntas naquela manhã. Eu havia pensado que ela seria a última pessoa que eu conduziria ao Senhor, mas ainda de manhã eu recebi uma libertação e não fui morta.

> …E eis que estou convosco todos os dias até à consumação do século. MATEUS 28:20

Senhor, não sabemos o que o futuro nos reserva,
mas sendo algo bom ou ruim, desejamos ser usados por ti.
Usa-nos sempre! Não queremos fazer apenas o que
é bom, desejamos servir com excelência — quando,
então, poderás nos usar para a Tua glória.

Corrie ten Boom

O Espírito Santo no controle

Quando converso com um novo filho de Deus, evito falar com ele sobre o que fazer ou não fazer em sua vida. É melhor deixar essas decisões para o Espírito Santo. Meu trabalho é conduzir as pessoas a Jesus, e não para uma doutrina em particular.

> …quando vier, porém, o Espírito da verdade, ele vos guiará a toda a verdade… JOÃO 16:13

Obrigado, Senhor, porque quando levamos alguém a ti, sabemos que dali por diante, tu conduzirás essa pessoa.

Corrie ten Boom

Ele acredita em você

A HONRA de uma amizade não é a mão estendida ou o sorriso gentil, ou a alegria do companheirismo. É a inspiração espiritual que surge quando a pessoa descobre que alguém mais acredita nela e está disposta a confiar nela através da amizade.

> Já não vos chamo servos, porque o servo não sabe o que faz o seu senhor; mas tenho-vos chamado amigos, porque tudo quanto ouvi de meu Pai vos tenho dado a conhecer. JOÃO 15:15

Senhor, obrigado pela confiança que demonstras quando nos chama de amigos. Usa-nos para mostrar aos outros a beleza da amizade por amar a ti.

Corrie ten Boom

Descarte as preocupações

Assim como a Palavra de Deus guarda você do pecado, o pecado o afasta da Palavra de Deus. Quando alguém está verdadeiramente em Cristo, ele está salvo. Tudo o que o diabo pode fazer é lhe causar preocupações. Diga adeus para sempre ao seu passado. Ele está inteiramente apagado em Cristo.

Restitui-me a alegria da tua salvação… SALMO 51:12

Senhor Jesus, o diabo pode nos provocar preocupações, mas estamos seguros em Teu cuidado. Obrigado!

Corrie ten Boom

Ele aceita chamadas a cobrar

Não se preocupe com nada. Conte a Deus cada uma de suas necessidades, numa fervorosa e grata oração, e receba a paz de Deus que excede todo o entendimento humano.

> Estas coisas vos tenho dito para que tenhais paz em mim... JOÃO 16:33

*Senhor, como nos alegramos em poder
levar a ti todos os nossos problemas. Por nós mesmos
não podemos encontrar a paz. Obrigado por
estares sempre disposto a nos ouvir, e a linha do
Teu telefone jamais está "ocupada".*

Corrie ten Boom

Busque a Deus pela manhã

A Bíblia foi escrita para que o povo de Deus pudesse conhecer o caminho de Deus para sua vida. É um livro extremamente prático.

Elias teve uma crise de depressão espiritual depois de seu heroico esforço no monte Carmelo (1 Reis 18–19). Ele sentiu pena de si mesmo. O que ele realmente necessitava era de descanso e de alimento. Deus proveu ambas as coisas para ele.

> E não nos cansemos de fazer o bem, porque a seu tempo ceifaremos, se não desfalecermos. GÁLATAS 6:9

Senhor, quão cansado me sinto. Tu poderias me conceder uma boa noite de sono e me ajudar a disciplinar minha dieta? Mostra-me se tenho feito o meu trabalho em minha própria força em vez de trabalhar por meio do poder do Espírito Santo.

Corrie ten Boom

A mais antiga correspondência: a oração

Nós DEVEMOS dar suporte aos outros cristãos que estão passando por sofrimentos. Não devemos fechar nossos ouvidos nem nossos olhos num momento em que tantos cristãos estão sendo perseguidos. No presente, cerca de 60% do Corpo de Cristo está enfrentando tribulações. Nossas orações em favor deles são muito importantes, e sabemos, pela fé, que Deus pode aliviar seus fardos através de nossa intercessão.

> Levai as cargas uns dos outros e, assim, cumprireis a lei de Cristo. GÁLATAS 6:2

Senhor, mantém-nos alertas sobre a possibilidade de enfrentarmos sofrimentos antes de Teu retorno. Afasta de nós o temor e torna-nos bem-dispostos.

Corrie ten Boom

Ele observa os detalhes

De geração em geração, desde os pequenos começos e simples lições, Deus tem um propósito para todos aqueles que o conhecem e nele confiam.

> E os que não deram valor a um começo tão humilde vão ficar alegres… ZACARIAS 4:10 NTLH

Senhor, eu sei que as minhas ações mais insignificantes fazem parte de Teu plano ao colocares Tua mão sobre mim, e eu ter entregue minha vida a ti.

Corrie ten Boom

O pai sabe o que é melhor

Algumas vezes, oro com a Bíblia aberta e digo: "Pai, tu me prometeste isto, e agora creio que tu o farás." Eu sei que Deus gosta de levar em conta o que cada uma de Suas promessas significa, e Ele fica feliz quando acreditamos nelas.

> E esta é a confiança que temos para com ele: que, se pedirmos alguma coisa segundo a sua vontade, ele nos ouve. 1 JOÃO 5:14

Pai, quando te pedimos que atues conforme as Tuas promessas, somos como as crianças pedindo a seus pais por abrigo e comida. Sabemos que nos proverás tudo porque tu nos amas. Mas também sabemos que, como um bom Pai, tu fazes aquilo que é melhor para nós.

Corrie ten Boom

Procure Deus, não a sabedoria

Você se sente inseguro quando fala para pessoas cultas sobre Jesus? Elas podem lhe fazer perguntas bem difíceis! Você não precisa saber todas as coisas. Deus é que tem todas as respostas, não o ser humano. Sinta-se satisfeito em ser apenas um canal aberto para a ação do Espírito de Deus. Seja obediente e Ele lhe dará tudo o que você precisa para ser vitorioso.

> Eu, irmãos, quando fui ter convosco, anunciando-vos o testemunho de Deus, não o fiz com ostentação de linguagem ou de sabedoria. [...] A minha palavra e a minha pregação não consistiram em linguagem persuasiva de sabedoria, mas em demonstração do Espírito e de poder. 1 CORÍNTIOS 2:1,4

Senhor, obrigado por nos dares o evangelho, e este evangelho que é para todos, oferecendo as respostas para todas as questões das pessoas e a plenitude para a salvação delas. Senhor, usa-nos para compartilhar nossas riquezas com as pessoas; dá-nos a plenitude do Teu Santo Espírito.

Corrie ten Boom

O que apenas um cristão pode fazer

Os FILHOS de Deus têm poder, no nome de Jesus, sobre Satanás. Apenas um único policial de trânsito tem poder para interromper o tráfego de centenas de veículos, assim, um único cristão também tem autoridade para deter Satanás e seus demônios.

> …Senhor, os próprios demônios se nos submetem pelo teu nome! LUCAS 10:17

Agradecemos-te, Senhor, porque tu colocaste tal poder a nossa disposição.

Corrie ten Boom

Tua arma secreta

"Enchei-vos do Espírito" é um mandamento do Senhor. O inimigo teme o povo cheio do Espírito que possui os dons que são apresentados em 1 Coríntios 12 e 14. Ele tem alcançado grande sucesso em fazer com que os temas tratados nestes capítulos se tornem motivo de polêmica entre os cristãos. Não argumente — mas obedeça, e jamais se esqueça de 1 Coríntios 13, porque se você possuir todos os dons, mas não tiver amor — você não tem nada.

> Eu poderia falar todas as línguas que são faladas na terra e até no céu, mas, se não tivesse amor, as minhas palavras seriam como o som de um gongo ou como o barulho de um sino. Poderia ter o dom de anunciar mensagens de Deus, ter todo o conhecimento, entender todos os segredos e ter tanta fé, que até poderia tirar as montanhas do seu lugar, mas, se não tivesse amor, eu não seria nada.
> 1 CORÍNTIOS 13:1,2 NTLH

Senhor, eu preciso das riquezas de Teus dons na importante batalha espiritual deste tempo. Obrigado porque estou vivendo após o Pentecostes. Aleluia!

Corrie ten Boom

Encha-se, abasteça-se

O Espírito Santo testifica de Jesus. Então, quando você está cheio do Espírito Santo, você poderá falar acerca de nosso Senhor e realmente viver para Sua glória e honra.

> ...quando vier, porém, o Espírito da verdade, ele vos guiará a toda a verdade; porque não falará por si mesmo, mas dirá tudo o que tiver ouvido e vos anunciará as coisas que hão de vir. Ele me glorificará, porque há de receber do que é meu e vo-lo há de anunciar. JOÃO 16:13,14

Agradecemos-te, Senhor Jesus, por desejares nos encher cada vez mais com Teu Santo Espírito, e por disponibilizares a nós o fruto do Espírito e Seus dons. Como precisamos deles e como o mundo ao nosso redor precisa de nós.

Corrie ten Boom

O poder que prevalece

Tenho um dom especial que me permite expulsar demônios, mas isso acontece em ocasiões quando sinto que tenho de fazê-lo em obediência. Sou apenas um ramo da videira; as bênçãos podem fluir através de mim, mas é o poder de Deus que prevalece.

...em meu nome, expelirão demônios... MARCOS 16:17

Todo o nosso sucesso é parte de Tua vitória;
não pedimos nada, a não ser Teu poder,
Senhor. Mostra-nos claramente a Tua vontade,
para que façamos o que temos de fazer.

Corrie ten Boom

Ele provê a armadura

Uma coisa é expulsar demônios; outra é mantê-los longe. Para permanecer livre, uma pessoa necessita estar vigilante em oração e se manter fielmente no seu alicerce espiritual. Ela precisa resistir com determinação a toda investida de Satanás para reconquistar o ingresso dele na vida dessa pessoa.

> ...por isso mesmo, vós, reunindo toda a vossa diligência, associai com a vossa fé a virtude; com a virtude, o conhecimento; com o conhecimento, o domínio próprio; com o domínio próprio, a perseverança; com a perseverança, a piedade; com a piedade, a fraternidade; com a fraternidade, o amor. Porque estas coisas, existindo em vós e em vós aumentando, fazem com que não sejais nem inativos, nem infrutuosos no pleno conhecimento de nosso Senhor Jesus Cristo. 2 PEDRO 1:5-8

*Obrigado, Senhor, porque tu nos
tornas mais do que conquistadores na batalha
contra o poder das trevas.*

Corrie ten Boom

Ele permite que você use Seu nome

Não precisamos temer os demônios, embora muitas vezes eles tentem provocar medo em nosso coração. Jamais nos esqueçamos de que aquele que está em nós é mais forte do que aqueles que estão contra nós. As armas de nossa milícia espiritual são o poder do sangue de Jesus e o uso de Seu maravilhoso nome.

> Sujeitai-vos, portanto, a Deus; mas resisti ao diabo, e ele fugirá de vós. TIAGO 4:7

Agradecemos-te, Senhor, porque tu nos tens dado acesso à artilharia divina que silencia o inimigo e lança sobre ele todo o dano que ele nos infligiria.

Corrie ten Boom

Usufrua a graça que você recebeu

A Palavra de Deus é nossa para que a aceitemos e nos regozijemos nela. Jamais permita que seu intelecto o conduza a discussões inúteis sobre interpretações humanas. Se você recebe de presente uma iguaria deliciosa, você vai ficar analisando sua composição ou vai saboreá-la com prazer? A Palavra de Deus é para ser degustada e não debatida.

> ...e provaram a boa palavra de Deus e os poderes do mundo vindouro. HEBREUS 6:5

Senhor Jesus, guia nosso pensamento e nossas palavras. Ensina-nos como usufruir as promessas da Palavra de Deus. Faz-nos entender quão ricos somos através de Tua graça e de Teu amor.

Corrie ten Boom

O que compartilhar com Jesus

Deus enviou o Espírito de Seu Filho para habitar em nosso coração. Você pode compreender que, como cristãos, temos dentro de nós, o mesmo Espírito Santo que estava em Jesus quando Ele andou aqui na Terra? O Espírito que capacitava o Filho de Deus também nos capacitará.

> Acaso, não sabeis que o vosso corpo é santuário do Espírito Santo, que está em vós, o qual tendes da parte de Deus, e que não sois de vós mesmos?
> 1 CORÍNTIOS 6:19

Senhor, estou ansioso por ser cheio do Espírito Santo e permanecer assim. Mostra-me se há em mim algum comprometimento com um "sim, mas" ou algum temor. Perdoa-me e limpa-me, Senhor.

Corrie ten Boom

O que você faria?

Um visitante observou, num hospital, uma enfermeira cuidando das feridas de um paciente leproso, e disse: —Eu não faria isso nem que recebesse um milhão de dólares.

A enfermeira respondeu: —Nem eu faria. Mas faço isso por Jesus sem receber nada.

> ...Em verdade vos afirmo que, sempre que o fizestes a um destes meus pequeninos irmãos, a mim o fizestes.
> MATEUS 25:40

Senhor, quanto já fizeste por mim!
O que estou eu fazendo por ti?

Corrie ten Boom

O grão de trigo precisa morrer

Quando uma mulher estava sendo designada para ser missionária em um território muito perigoso, perguntaram a ela se não tinha medo. Ela respondeu: —Tenho medo apenas de uma coisa: que eu me torne um grão de trigo que não esteja disposto a morrer.

> ...se o grão de trigo, caindo na terra, não morrer, fica ele só; mas, se morrer, produz muito fruto. JOÃO 12:24

Senhor, obrigado porque quando perco minha vida por amor de ti, eu a encontro.

Corrie ten Boom

Você está rodeado

Eu me encontrava diante do escritório da Alfândega em Moscou e minha mala estava repleta de Bíblias em russo que eu estava contrabandeando para o país. Pude ver como os oficiais alfandegários reviram cada mala, e fiquei com medo.

Eu orei: "Senhor, tu disseste na Bíblia que velas por Tua Palavra para cumpri-la. As Bíblias nessa mala são a Tua Palavra. Cuida de cada uma delas."

Naquele momento, vi luzes ao redor de minha mala. Deviam ser anjos. Foi a única vez que vi anjos. Não consigo descrevê-los, pois no momento em que os vi, eles desapareceram. E assim meus temores também foram embora.

> Não são todos eles [os anjos] espíritos ministradores, enviados para serviço a favor dos que hão de herdar a salvação? HEBREUS 1:14

Obrigado, Senhor, porque aqueles que estão conosco são em maior número e mais fortes do que os que estão contra nós. Aleluia!

Corrie ten Boom

Ele está ao seu lado, mesmo na alfândega

Quando eu estava ali, em Moscou, minha mala foi a última a ser examinada pelo oficial da alfândega.

—Esta é sua mala, senhora? Ele perguntou.

—Sim.

—Está bem pesada!

—Sim.

Ele olhou em volta e disse: —Espere. Eu já terminei meu trabalho. Creio que posso ajudá-la a carregar até seu ônibus. E pegou aquela mala pesada e a levou até o ônibus para mim, e nem sequer olhou o que havia dentro dela. Como me regozijei!

> ...ele tem dito: De maneira alguma te deixarei, nunca jamais te abandonarei. Assim, afirmemos confiantemente: O Senhor é o meu auxílio, não temerei; que me poderá fazer o homem?
> HEBREUS 13:5,6

Senhor, dá-me força e sabedoria para que eu me recuse a me deixar ser controlado por uma situação difícil. Sei que até mesmo os cabelos de minha cabeça estão contados.

Corrie ten Boom

Você está sempre em Seu cuidado

Quando trabalhei atrás da Cortina de Ferro, muitas vezes estive em perigo. A vida parecia muito difícil e havia muitas tristezas ao meu redor. Você sabe como é a sensação que se tem quando os perigos são ameaçadores e você tem consciência de que é muito fraco diante de riscos tão fortes? Eu sei, e você também pode saber que nunca está sozinho — não, jamais. Jesus estava comigo e continua comigo. Jesus está com você. Você nunca está fora do alcance de Seu constante cuidado, nem sequer por um momento.

> …Não temas, porque eu te remi; chamei-te pelo teu nome, tu és meu. Quando passares pelas águas, eu serei contigo; quando, pelos rios, eles não te submergirão; quando passares pelo fogo, não te queimarás, nem a chama arderá em ti. ISAÍAS 43:1,2

*Senhor, tristeza e perigos podem
nos pressionar. Somente tu nos guarda em segurança.
Obrigado, Pai, porque podemos estar no
campo da vitória com nossas fracas mãos seguras
entre Tuas poderosas mãos. Aleluia!*

Corrie ten Boom

Há um céu a nossa espera

Há quatro marcas do verdadeiro arrependimento: o reconhecimento do erro, o desejo de confessá-lo, a vontade de abandoná-lo, e a disposição de restituir.

> Nós, porém, segundo a sua promessa, esperamos novos céus e nova terra, nos quais habita justiça. Por essa razão, pois, amados, esperando estas coisas, empenhai-vos por serdes achados por ele em paz, sem mácula e irrepreensíveis. 2 PEDRO 3:13,14

Senhor, eu quero. Guia-me com Teu Santo Espírito para que eu veja meus pecados, arrependa-me deles, os abandone, e faça o que é certo com as pessoas contra quem eu tenha pecado, e aquelas que sofreram por causa de meus motivos e atos errados.

Corrie ten Boom

A grande aventura começa com a fé

A fé é crer. Crer é:

Confiar no
Resgate
Efetivado pelo
Redentor

> Entrega o teu caminho ao Senhor, confia nele, e o mais ele fará. SALMO 37:5

Senhor, podemos experimentar maravilhas através de nossa confiança em ti. Nossa vida se torna uma contínua aventura, e sabemos que o lugar mais seguro do mundo é o centro de Tua vontade.

Corrie ten Boom

Compartilhe o cuidado

Algumas vezes eu me comporto como um termômetro — com todos os problemas ao meu redor, eu vou para baixo. Mas devemos ser termostatos, não termômetros. Um termostato identifica a temperatura baixa e imediatamente restaura o calor, aquecendo o ambiente. É isso que devemos fazer.

> Disse o tico-tico para o pardal:
> —Eu realmente gostaria de saber
> Porque esses seres humanos
> Ficam tão ansiosos e preocupados.
>
> O pardal respondeu ao tico-tico:
> —Amigo, eu penso que deve ser porque
> Eles não devem ter um Pai celestial
> Como aquele que cuida de você e de mim.
> —ELIZABETH CHENEY

> ...pois vosso Pai celeste sabe que necessitais de todas elas. MATEUS 6:32

Pai, guarda-nos tão próximos de Teu coração que, embora estejamos conscientes de todos as necessidades ao nosso redor, não fiquemos depressivos com o que vemos, porque tu nos capacitas para agir e ajudar.

Corrie ten Boom

O mendigo e o rei

A FÉ é a mão estendida do mendigo aceitando o presente do rei. A vida eterna é um dom gratuito. É concedida através da graça; não é algo que se consegue por algum merecimento.

> Porque pela graça sois salvos, mediante a fé; e isto não vem de vós; é dom de Deus. EFÉSIOS 2:8

Pai, sabemos que jamais poderíamos conseguir a vida eterna. O fato de que tu nos deste a vida eterna gratuitamente a torna ainda mais preciosa para nós.

Corrie ten Boom

Ouça somente a voz do Senhor

Embora continuemos a pecar, e algumas vezes sintamos que é difícil ter uma vida vitoriosa, não devemos permanecer em nossos pecados, ou de outra forma o diabo irá nos conduzir à derrota.

> Então, ao querer fazer o bem, encontro a lei de que o mal reside em mim. ROMANOS 7:21

> …Tem bom ânimo, filho; estão perdoados os teus pecados. MATEUS 9:2

> *Senhor, o diabo parece ser tão verdadeiro quando nos mostra quão maus nós somos! Nos dias em que a voz dele parece soar muito forte, sussurra em meu ouvido: "Você foi perdoado".*

Corrie ten Boom

Seu trabalho está completo

A Bíblia diz que Deus colocou todo o fardo do pecado do mundo inteiro sobre Jesus. Creia no Senhor Jesus e você será livre de seu fardo.

> Eu vim como luz para o mundo, a fim de que todo aquele que crê em mim não permaneça nas trevas.
> JOÃO 12:46

Senhor Jesus, graças porque vieste ao mundo em obediência a Teu Pai. Obrigado porque na cruz já completaste tudo o que precisava ser feito para salvar minha alma, para purificar meu coração, e para encheres com Teu amor todo o meu ser, minha alma e minha mente.

Corrie ten Boom

Mente e coração livres

"Bem-aventurados os que choram, porque serão consolados", diz Jesus em Mateus 5:4. Como pode a tristeza machucar você, se essa é uma das formas de Deus abençoá-lo? Paulo estava tão aflito que clamou:

> Como sou infeliz! Quem me livrará deste corpo que me leva para a morte? Que Deus seja louvado, pois ele fará isso por meio do nosso Senhor Jesus Cristo!... ROMANOS 7:24,25 NTLH

*Senhor Jesus, obrigado porque
há um oceano de amor e conforto para mim.*

Corrie ten Boom

Manso, mas não fraco

Bem-aventurados os mansos, porque herdarão a Terra. Mansidão implica em ter um espírito ensinável. O mundo sempre pensa em termos de força e poder, de habilidade, de segurança própria, e de posses. O cristão é diferente do mundo. Ele pertence a um reino inteiramente diverso. Os mártires eram mansos, mas jamais foram fracos.

> Tomai sobre vós o meu jugo e aprendei de mim, porque sou manso e humilde de coração; e achareis descanso para a vossa alma. MATEUS 11:29

Espírito Santo, torna-me manso para que eu possa ser usado como Teu instrumento por meio de Teu fruto e de Teus dons.

Corrie ten Boom

Portas abertas, céu sem limites, vitórias sem fim

O céu de Deus é ilimitado. Requer apenas que tenhamos necessidades e estejamos dispostos a receber; as janelas do céu estão completamente abertas para nós.

> Quando todas as coisas parecem estar contra nós
> — levando-nos ao desespero,
> Sabemos que as portas estão abertas
> — alguém irá ouvir nossas preces.

…para Deus tudo é possível. MATEUS 19:26

Senhor, sabemos que a vitória está em Tuas mãos. Reconhecemos que todas as coisas são possíveis para ti.

Corrie ten Boom

Confiança genuína

Precisamos nunca nos permitir ficar agitados e perturbados em nenhuma circunstância. Isso implicaria em falta de fé e confiança em nosso bendito Senhor. Deus nos dá o dom da fé, e depois a fé é provada por Ele.

> Nisso exultais, embora, no presente, por breve tempo, se necessário, sejais contristados por várias provações, para que, uma vez confirmado o valor da vossa fé, muito mais preciosa do que o ouro perecível, mesmo apurado por fogo, redunde em louvor, glória e honra na revelação de Jesus Cristo. 1 PEDRO 1:6,7

Senhor, obrigado por proveres e fortaleceres nossa fé sempre que é necessário. Junto a ti, Senhor Jesus, somos vitoriosos.

Corrie ten Boom

Como você lê?

O MELHOR lugar para pregar o evangelho é o seu lar. Mas até que sua família veja em você o resultado do que está falando, eles nunca ouvirão suas palavras.

> Eu sou a Bíblia do meu vizinho,
> Ele me lê quando nos encontramos,
> Hoje ele me lê em casa,
> Amanhã, na rua.
> Pode ser meu parente ou um amigo,
> Ou apenas um conhecido distante,
> Ele talvez nem saiba meu nome,
> Ainda assim está me lendo.

...e sereis minhas testemunhas... ATOS 1:8

Senhor, faz que eu seja um testemunho para minha família e meus vizinhos. Usa minha vida como um canal. Ajuda-me a viver de forma que te glorifique em todas as coisas.

Corrie ten Boom

O amor em muitas línguas

Quando éramos adolescentes, cada um de nós tinha uma Bíblia em uma língua diferente. A minha era em inglês, a Bíblia de Betsie era em hebraico, Nollie tinha uma Bíblia em francês, e Willem em grego. Nós comparávamos os versos bíblicos e aprendíamos ambas as coisas ao mesmo tempo. Esse tipo de atividade em nossa juventude provou, mais tarde, ser importante em nossa vida.

Educar é uma tarefa muito complexa. Quem pode dizer como é que uma criança se transforma num determinado tipo de pessoa? Nosso consolo é descobrir que Deus conhece toda a história de nossa vida e saberá como fazer esse treinamento.

> …Ide por todo o mundo e pregai o evangelho a toda criatura. MARCOS 16:15

Senhor, que bênção é saber que conheces todas as línguas do mundo, e que a nós, cristãos, deste a missão de pregar o evangelho a todo o mundo!

Corrie ten Boom

Olhe ao seu redor

Se você ama verdadeiramente a pessoa que está ao seu lado, você deve adverti-la do perigo de perder a vida eterna. Conte a todas as pessoas que você puder alcançar a gloriosa história de Jesus, a qual pode salvá-las a tempo. O mundo está repleto de pessoas que precisam de salvação. É sua tarefa encontrá-las e lhes transmitir a mensagem.

> E não há salvação em nenhum outro; porque abaixo do céu não existe nenhum outro nome, dado entre os homens, pelo qual importa que sejamos salvos.
> ATOS 4:12

Espírito Santo, ajuda-nos a não perder uma única oportunidade.

Corrie ten Boom

Deixe o passado para trás

Tenho um livro em minhas mãos. O livro pode estar na mesa ou na cadeira, mas precisa estar em algum lugar. Isso acontece com o passado. Você ainda está carregando o passado como um fardo, assim como os pecados cometidos no seu passado?

> ...o Senhor fez cair sobre ele a iniquidade de nós todos. ISAÍAS 53:6

Meu passado é pesado demais
para que eu o carregue, Senhor. Esse fardo
me torna fraco e inoperante.
Obrigado por tirares o fardo de sobre mim.

Corrie ten Boom

Olhe para os Seus propósitos

A REALIDADE que vemos pela fé é mais importante do que os resultados de nosso pensamento lógico.

>...andamos por fé e não pelo que vemos.
>2 CORÍNTIOS 5:7

Senhor, quando não há visão, o povo perece.
Torna a nossa fé poderosa e forte
mediante a ação do Teu Espírito Santo, para que
possamos enxergar os Teus propósitos.

Corrie ten Boom

Grandes necessidades? Há um grande Deus!

HÁ GRANDES lições para serem aprendidas em relação à fé e ao caráter da fé quando você lê na Bíblia acerca dos discípulos. Eu me sinto agradecida porque todas as coisas erradas que eles fizeram foram relatadas. Eu me vejo neles. A Bíblia fala a verdade e mostra um quadro de toda a falibilidade humana.

> Perguntou-lhes, então, Jesus: Por que sois tímidos, homens de pequena fé? E, levantando-se, repreendeu os ventos e o mar; e fez-se grande bonança.
> MATEUS 8:26

Senhor, obrigado porque o Senhor
não pede que tenhamos uma grande fé,
mas termos fé num grande Deus.

Corrie ten Boom

Ele é digno

—Obrigado, Corrie, por sua mensagem.

—Qual foi minha mensagem?

—Você disse que precisamos crer em Deus.

—O diabo também crê em Deus, e ele treme! Você deve fazer algo mais. Ninguém vai a Deus sem Jesus. É Ele que precisamos aceitar. Precisamos nos entregar a Ele, que nos comprou com o Seu sangue — um preço extremamente elevado. Devemos dar o devido valor a "moeda" que Ele usou.

> …sabendo que não foi mediante coisas corruptíveis, como prata ou ouro, que fostes resgatados […], mas pelo precioso sangue, como de cordeiro sem defeito e sem mácula, o sangue de Cristo. 1 PEDRO 1:18,19

Senhor Jesus, tu és a vida de minha vida,
a morte de minha morte. Como sofreste em Teu corpo,
alma e mente quando morreste na cruz
por mim. Obrigado, ó, como eu te agradeço!

Corrie ten Boom

# Ele o torna mais do que capaz

A TODA-SUFICIÊNCIA de Deus é superior. Nossa inabilidade é inferior. O maior atua em maiores, não em menores. Nossa habilidade não está envolvida. A toda-suficiência dele e a nossa inabilidade devem se encontrar.

…tudo posso naquele que me fortalece. FILIPENSES 4:13

Obrigado, Senhor, porque
Teu Santo Espírito me capacita a fazer o que é superior
através do Teu divino poder.

Corrie ten Boom

Entregue tudo a Ele

Um prisioneiro me disse: —Eu decidi seguir a Jesus, mas a política, meu carro, o poder, e minha posição se colocam entre mim e Deus. Isso é o juízo de Deus, por isso estou aqui.

> A estante que está atrás da porta,
> Derrube-a, jogue-a fora,
> Não a use nunca mais.
> Pois Jesus quer habitar em você,
> Desde o teto até o assoalho.
> Ele quer até mesmo aquela pequena estante
> Que você guarda atrás da porta.

> Ele se levantou e, deixando tudo, o seguiu.
> LUCAS 5:28

Senhor, em Teu amor tu queres que eu seja 100% Teu.
Eu humilho a mim mesmo. Toma-me para ti,
Senhor, desde a cabeça até os pés.

Corrie ten Boom

Como erros se transformam em beleza

Certa vez, visitei uma escola de tecelagem, onde os estudantes estavam criando belos padrões de tecido. Eu perguntei: —Quando vocês cometem um erro, vocês precisam cortar esse pedaço e começar tudo novamente?

Um estudante respondeu: —Não. Nosso professor é um artista tão capacitado que, quando cometemos um erro, ele o usa para aperfeiçoar o padrão de beleza.

É isso que Deus faz com nossos erros. Ele é o grande artista, mas precisamos nos entregar a Ele. Entregue seus erros para o Senhor. Ele pode usá-los para tornar o padrão de sua vida muito mais bonito.

> A fé entrou exultante no meu quarto,
> E os outros hóspedes fugiram voando.
> Tristeza, ansiedade, medo e desânimo
> Sumiram nas trevas da noite.
> Questionei-me sobre a origem dessa paz,
> Mas a fé disse, gentilmente: "Você não vê
> Que essas coisas jamais podem conviver comigo?".
> —ELIZABETH CHENEY

...a tua fé te salvou... MATEUS 9:22

Senhor, podemos ficar bem desanimados quando erramos.
É maravilhoso saber que nossos erros podem
ser úteis para ti, porque tu és nosso artista mestre.

Corrie ten Boom

Na quietude e na modelagem

O CRESCIMENTO da vida cristã não cessa por ocasião da primeira entrega, assim como a união conjugal não termina com a cerimônia de casamento. O Senhor é o oleiro. Nós somos o barro.

> ...eis que, como o barro na mão do oleiro, assim sois vós na minha mão, ó casa de Israel. JEREMIAS 18:6

Mestre piedoso, com Tua mão
Faze perfeito o meu coração
Santo, ardoroso em te servir
Sempre voltado aos bens do porvir
Mestre amado, desejo te ouvir.
—ADELAIDE A. POLLARD (CCB 001)

Corrie ten Boom

Ele pavimentou o caminho

Se você se render totalmente a Jesus, você não pode reter nada para si. Nenhuma "exceção" é aceita!

Eu disse: —Deixa-me andar pelos campos.
Ele respondeu: —Não, ande nas cidades.
Eu disse: —Não há flores ali.
Ele respondeu: —Não há flores, mas há uma coroa.
—GEORGE MAC DONALD

> …porque, onde está o teu tesouro, aí estará também o teu coração. MATEUS 6:21

Senhor Jesus, perdoa minhas "exceções". Eu me rendo outra vez e agora totalmente. Minha mente e meu corpo podem dizer que eu não posso, mas com a ajuda do Espírito Santo, eu posso.

Corrie ten Boom

Entregue sua ira para Deus

Se você está irado, não peque acalentando seu rancor. Resolva sua ira antes que o sol se ponha. Procure se desfazer rapidamente desse sentimento, pois quando você está irado, poderá dar um grande ponto de apoio para o diabo. É uma grande bênção poder levar nossa ira imediatamente ao Senhor. Ele é capaz, e também está disposto a encher nosso coração com Seu amor.

> Irai-vos e não pequeis; não se ponha o sol sobre a vossa ira. EFÉSIOS 4:26

Senhor, agradecemos-te porque o pecado já não pode nos vencer, pois tu o venceste na cruz e em Tua ressurreição.

Corrie ten Boom

Corrida através dos desvios

NÃO HÁ neutralidade na linha de frente da batalha entre a luz e as trevas. Ande somente na luz. Quando um cristão se afasta da comunhão dos outros cristãos, o diabo fica feliz. Quando esse cristão deixa de ler a Bíblia, o diabo dá gargalhadas. Quando o cristão para de orar, o diabo brada de alegria.

> Se você enfrenta sofrimentos enquanto Deus o guia,
> E espera nele em todos os caminhos do Senhor,
> Ele lhe dará forças, não importa o que possa acontecer,
> E Ele vai carregá-lo durante os dias maus;
> Aquele que confia no imutável amor divino
> Constrói sua confiança na rocha, a qual nada pode abalar.
> —GEORGE NEUMARK

…Antes, importa obedecer a Deus do que aos homens. ATOS 5:29

Perdoa-me, Senhor, porque eu tentei desviar-me do compromisso. Faça-se a Tua vontade, Senhor. Reina absolutamente sobre mim.

Corrie ten Boom

Deixe a dúvida morrer de fome

Algumas pessoas confiam no Senhor com respeito a sua salvação eterna, mas não entregam a Ele o cuidado do seu dia a dia. Alimente sua fé — o que leva suas dúvidas a morrer de fome.

> Eu te procuro para me ajudar em cada necessidade,
> E nunca procuro em vão;
> Sinto a Tua força e Teu amor intenso,
> E tudo fica bem novamente:
> O pensamento que vem de ti é mais forte agora
> Do que são o pecado e a tristeza. —SAMUEL LONGFELLOW

Pedi, e dar-se-vos-á... MATEUS 7:7

Pai, ajuda-nos a manter as dúvidas longe de nossa mente. Fortalece nossa fé até que possamos seguir-te sem medo e preocupação.

Corrie ten Boom

Uma lição contra a ansiedade

Entregue seus fardos ao Senhor. Não tente resolver os problemas do mundo em sua mente. Você não pode fazer que ovos quebrados fiquem inteiros novamente.

> O que realmente eu quero é que estejais livres de preocupações... 1 CORÍNTIOS 7:32

Tu te preocupas com o mundo, Pai.
Obrigado porque desejas usar-me para Teus propósitos.

Corrie ten Boom

A antiga estratégia do diabo

A REBELIÃO contra o Espírito Santo cria um vácuo que o diabo tem prazer em preencher.

> ...Dai ouvidos a minha voz, e eu serei o vosso Deus, e vós sereis o meu povo; andai em todo o caminho que eu vos ordeno, para que vos vá bem. JEREMIAS 7:23

Torna-me satisfeito em realizar o trabalho para o qual fui chamado, Pai.

Corrie ten Boom

Ele vai capacitá-lo

Os recursos divinos não são limitados por nossas habilidades naturais. Não podemos usar como desculpa o fato de não sermos qualificados. Lembre-se da parábola dos talentos.

> — Eu sou a videira, e vocês são os ramos. Quem está unido comigo e eu com ele, esse dá muito fruto porque sem mim vocês não podem fazer nada.
> JOÃO 15:5 NTLH

Agradecemos-te, Senhor, por Teu ilimitado poder que tem agido em nós, os que cremos.

Corrie ten Boom

Livre-se das próprias obras

É no momento em que procuramos agradar a Deus com nossos esforços que estamos nos colocando debaixo da lei, um lugar em que a graça não pode agir. A graça implica em algo que Deus faz por nós. A lei implica em algo que fazemos por Deus. Ser livre da lei não significa que estamos livres de obedecer à vontade do Senhor, mas ao contrário, o próprio Deus é quem nos conduz à obediência.

> Porque o pecado não terá domínio sobre vós; pois
> não estais debaixo da lei, e sim da graça. ROMANOS 6:14

*Senhor, aumenta minha capacidade para receber
Tua graça. Desejo humilhar-me a mim mesmo.*

Corrie ten Boom

Prepare-se para atacar

O INIMIGO irá tentar nos separar de Deus, destruir nossa fé, e tornar-nos rebeldes.

> Sede sóbrios e vigilantes. O diabo, vosso adversário, anda em derredor, como leão que ruge procurando alguém para devorar; resisti-lhe firmes na fé, certos de que sofrimentos iguais aos vossos estão-se cumprindo na vossa irmandade espalhada pelo mundo. 1 PEDRO 5:8,9

Desejamos sofrer por ti, Senhor. Fortalece nossa fé, de tal maneira que Satanás falhe em suas tentativas de se colocar entre nós e ti.

Corrie ten Boom

Obtenha o ponto de vista de Deus

É SOMENTE na Terra que há pessoas que não creem em Deus. Apesar de os poderes do mal tentarem conduzir os homens à perdição e mantê-los presos na escuridão da incredulidade, eles próprios acreditam em Deus e tremem, pois sabem que, no Dia do Senhor, o julgamento os aguarda.

> O diabo […] foi lançado para dentro do lago de fogo e enxofre, onde já se encontram não só a besta como também o falso profeta… APOCALIPSE 20:10

*Senhor, quando formos atormentados pelo mal,
ajuda-nos a lembrar de nosso triunfo final contigo.*

Corrie ten Boom

Cuidado com os encantadores

Devemos tomar cuidado com as práticas ocultistas. Mesmo quando você diz que não acredita em cartomantes e está apenas se divertindo, isso é perigoso e poderá ficar entre você e o Senhor.

> Não se achará entre ti quem faça passar pelo fogo o seu filho ou a sua filha, nem adivinhador, nem prognosticador, nem agoureiro, nem feiticeiro; nem encantador, nem necromante, nem mágico, nem quem consulte os mortos; pois todo aquele que faz tal coisa é abominação ao Senhor; e por estas abominações o Senhor, teu Deus, os lança de diante de ti. DEUTERONÔMIO 18:10-12

Obrigado, Senhor Jesus, porque, se no passado fizemos esse tipo de abominação e já confessamos nossos pecados, tu és fiel e justo para nos perdoar e nos libertar totalmente. Tu limpas nosso corpo, nossa mente e nossa alma com Teu sangue. Aleluia!

Corrie ten Boom

A Verdade além das estrelas

A ADIVINHAÇÃO é leitura da sorte. Observadores dos astros são astrólogos. O ilusionista é um mágico. A bruxa é uma feiticeira. O encantador é um hipnotizador. Os que consultam espíritos familiares são médiuns. O mago é um clarividente. O necromante é quem consulta os mortos.

Para ter a diretriz de Deus, você precisa se afastar definitivamente de outras formas de orientação. A direção é algo que precisamos pedir e desejar. Deus deseja a sua submissão e então, irá guiá-lo com segurança.

> …quando vier, porém, o Espírito da verdade, ele vos guiará a toda a verdade […], e vos anunciará as coisas que hão de vir. JOÃO 16:13

Mantenha-nos sempre fiéis a ti, Senhor, diante das tentações. Mostra-nos a verdade.

Corrie ten Boom

Firmes na rocha eterna

O MUNDO está se tornando cada vez mais inabitável, mas temos esperança num mundo futuro por causa das promessas de Deus. As crises sempre demandam qualidades espirituais. Nenhum de nós pode se recusar a enfrentar tempestades. A árvore na montanha enfrenta tudo o que o clima apresenta. Se ela tem alguma chance, simplesmente precisa aprofundar suas raízes o máximo possível e estar pronta para permanecer firme. A defesa é algo profundo e invisível.

> Se em nossa força nós confiássemos,
> Nosso esforço seria vão,
> Não teríamos o Homem certo ao nosso lado,
> O Homem que o próprio Deus escolheu.
> Por acaso perguntaríamos quem seria? Cristo Jesus é Ele;
> Jeová Sabaoth é Seu nome.
> Por toda eternidade Ele é o mesmo.
> E Ele ganhará a batalha. —MARTINHO LUTERO

> Portanto, tomai toda a armadura de Deus, para que possais resistir no dia mau e, depois de terdes vencido tudo, permanecer inabaláveis. EFÉSIOS 6:13

Nossas raízes estão em ti, Senhor.
Elas permanecem firmes em quaisquer tempestades que venham a cair sobre nosso corpo, alma e espírito.

Corrie ten Boom

Use a experiência de cada dia

Não precisamos de algum lugar especial para nosso treinamento no exército de Deus. Treinamos onde nos encontramos, usando toda as nossas experiências diárias e o contato com outras pessoas. Treinar na selva é mais difícil do que treinar num campo de treinamento, mas isso produz melhores soldados.

> Soldado, soldado, que está lutando
> a grande batalha no mundo,
> Confiando em si, lutando por sua vida.
> Deixe de confiar em si mesmo,
> Confie em Cristo, Ele é mais forte!
> Nele você pode todas as coisas, pode fazer tudo
> Através de Cristo que o fortalece.

> Quanto ao mais, sede fortalecidos no Senhor e na força do seu poder. EFÉSIOS 6:10

Senhor, eu me alisto para o Teu serviço.
Faça com que eu deseje sempre fazer a Tua vontade.

Corrie ten Boom

Ele estará com você na linha de frente da batalha

Cada dia da vida é um dia na frente de batalha na guerra contra o diabo. O próprio Deus decide onde cada um de nós deve lutar. Não podemos escolher o campo de batalha de nossa preferência. Se você vence um problema hoje no poder de Jesus Cristo, isso é uma vitória. Agora, você está mais forte para o fim da batalha.

> Se nos quisessem devorar, demônios não contados.
> Não nos podiam assustar, nem somos derrotados.
> O grande acusador, dos servos do Senhor
> Já condenado está, vencido cairá,
> Por uma só palavra. —MARTINHO LUTERO (CC 323)

Graças a Deus, que nos dá a vitória por intermédio de nosso Senhor Jesus Cristo. 1 CORÍNTIOS 15:57

Senhor, concede-nos a graça para lutar onde nos colocares. Somente tu podes ver completamente o campo de batalha; nós vemos apenas uma pequena parte dele.

Corrie ten Boom

Há uma razão porque isto se chama fundo do poço

O Senhor me ensinou, através de minhas experiências na prisão que, para um filho de Deus, a cova pode ser muito profunda, mas os eternos braços de Deus são sempre mais profundos.

> Mas, ainda que venhais a sofrer por causa da justiça, bem-aventurados sois. Não vos amedronteis, portanto, com as suas ameaças, nem fiqueis alarmados. 1 PEDRO 3:14

Senhor, agradecemos-te porque, não importa quão profunda seja nossa aflição, Teu conforto é mais do que suficiente para atender as nossas necessidades. Prometeste estar conosco até o fim dos tempos.

Corrie ten Boom

Lute onde quer que Ele determine

Quando você não entende alguma coisa na Bíblia, não abandone, mas deixe isso suspenso para o momento certo. Eu li em Ezequiel 38:4 que o inimigo vem a cavalo, mas hoje os exércitos não usam mais cavalos. Então eu li em um jornal que a Rússia comprou 70% dos cavalos do mundo para equipar seu exército! Eu havia colocado Ezequiel 38 de lado, mas o texto surgiu novamente. Não abandone aquilo que você não entende.

> Deus tem a chave de tudo o que é desconhecido.
> E eu fico feliz por isso.
> Se outras mãos guardassem a chave,
> Ou se Deus confiasse a chave a mim,
> Eu poderia ficar triste.

> Confiai nele, ó povo, em todo tempo; [...] Deus é o nosso refúgio. SALMO 62:8

Senhor, não nos é possível entender
cada coisa. Nosso dever é simplesmente obedecer,
confiando na Tua direção e proteção.

Corrie ten Boom

Entendeu a mensagem?

Eu estava no fim da minha primeira semana nos Estados Unidos e, praticamente, sem dinheiro. A funcionária da YWCA (Associação de mulheres cristãs) me lembrou de que eu não poderia ficar ali por mais uma semana. Para onde eu deveria ir?

—Ainda não sei. Deus tem um lugar para mim, mas Ele ainda não me disse onde será.

Pude ver no rosto dela que estava preocupada comigo. Então ela me entregou parte de uma carta que havia esquecido em algum lugar. A carta era de uma mulher que ouvira uma de minhas palestras em Nova Iorque. Ela estava me oferecendo o quarto de seu filho para me hospedar.

Então entreguei meu novo endereço para aquela maravilhada funcionária, agradecendo a Deus por Seu cuidado comigo.

> E o meu Deus, segundo a sua riqueza em glória, há de suprir, em Cristo Jesus, cada uma de vossas necessidades. FILIPENSES 4:19

Obrigado, Senhor, porque podemos saber que nossas necessidades jamais serão maiores do que o nosso Ajudador.

Corrie ten Boom

Veja o Espírito Santo descendo

Jesus era obediente ao Pai. Leia Sua história. Quando Ele tinha 12 anos, obedeceu a Seus pais terrenos, ao mesmo tempo em que sabia que deveria tratar das coisas de Seu Pai celestial. Quando João Batista tentou dizer ao Mestre que não precisava se batizar, Ele disse que queria ser batizado como sinal de obediência. Quão maravilhoso foi o momento em que o Espírito Santo desceu sobre Ele, e o Pai falou desde o céu: "...Este é o meu Filho amado, em quem me comprazo" (Mateus 3:17).

...Eis que o obedecer é melhor do que o sacrificar...
1 SAMUEL 15:22

Espírito Santo, faz-me saber
se há alguma desobediência em minha vida.
Eu desejo fazer aquilo que tu queres.

Corrie ten Boom

Jesus é preso

As dificuldades existem para que possam ser superadas. Jesus nos tornou Seus discípulos e, assim, somos capazes de nos tornar vencedores.

> Meu tempo está nas mãos do Senhor;
> Jesus, o crucificado!
> As mãos que nossos muitos pecados pregaram na cruz
> São aquelas que agora nos guiam e nos guardam.
>
> Meu tempo está nas mãos do Senhor;
> Sempre posso confiar em ti;
> Até que eu deixe esta terra deserta,
> E possa ver toda a Tua glória. —WILLIAM E. LLOYD

> Ao vencedor, fá-lo-ei coluna no santuário do meu Deus, e daí jamais sairá… APOCALIPSE 3:12

Senhor Jesus, obrigado, pois através da Tua força podemos nos tornar vencedores. Confiaremos nossos caminhos a ti, Senhor, certos de Tua direção e de Teu cuidado em cada passo dessa caminhada.

Corrie ten Boom

Comunhão em humildade

Quando a Holanda se rendeu à Alemanha, papai e eu estávamos caminhando na rua. Sentíamos uma grande união com aqueles que estavam ao nosso redor. Estávamos todos juntos, passando por grande sofrimento, humilhação e sentindo a derrota de nossa nação. Todos conversavam entre si. Eu nunca tinha visto ou experimentando antes a união de toda a nação tal como aquela. Foi uma grande bênção.

Assim seremos durante o milênio, mas essa unidade não acontecerá por causa da miséria e sofrimento, mas será uma união motivada pela comunhão com o Senhor.

> Então, ouvi grande voz vinda do trono, dizendo: Eis o tabernáculo de Deus com os homens. Deus habitará com eles. Eles serão povos de Deus, e Deus mesmo estará com eles. APOCALIPSE 21:3

*Senhor Jesus, quando experimentamos
essa grande proximidade com nossos companheiros
cristãos, o calor dessa comunicação é apenas uma
prévia daquilo que está reservado para nós. Que bênção
é antecipar parte dessa experiência. Aleluia!*

Corrie ten Boom

Observando o relógio celestial

Sincronize seu relógio de pulso com a cronologia celestial. Você pode fazer isso lendo a Bíblia e ao mesmo tempo o jornal diário. Então você saberá que estamos vivendo no tempo em que estamos aguardando a volta de Jesus a este mundo, o que ocorrerá muito em breve.

Ouça com muita atenção aquilo que o Senhor está desejando contar para você. O Espírito Santo pode fazer de sua oração uma alegre conversa que envolve falar e ouvir.

Leia livros importantes que possam fortalecer sua fé.

> Estou plenamente certo de que aquele que começou boa obra em vós há de completá-la até ao Dia de Cristo Jesus. FILIPENSES 1:6

Senhor Jesus, sei que estás ansioso por aquele grande dia de Tua volta. Eu também estou esperando por ele. Prepara-me, Senhor. Entrego-me a ti com alegria.

Corrie ten Boom

O "surpreendente" agora

Você sabe que estamos vivendo nos últimos dias, e que eles são os primeiros de um futuro glorioso? O que você está fazendo para ganhar almas? O que estamos fazendo para ajudar as pessoas a se prepararem para a volta de Jesus? Pregar o evangelho a todo o mundo é uma parte fundamental da vida cristã.

...Negociai até que eu volte. LUCAS 19:13

Mostra-me, Senhor, qual é a parte da Tua programação para mim hoje. Dá-me direção e me concede poder para que isso se torne importante aos Teus olhos.

Corrie ten Boom

Espere com Jesus

"Porque sabemos que toda a criação, a um só tempo, geme e suporta angústias até agora" (Romanos 8:22).

Milhões de pessoas inquietas esperam
A volta do Senhor para tornar novas todas as coisas.
Os cristãos também esperam.
Mas os mensageiros são lentos e poucos.
Nós temos feito tudo o que podemos?
Tenho eu feito? Tem você feito?

Senhor, agradecemos-te porque sabemos, pela Bíblia,
que a crise que vivemos neste tempo, é o
sofrimento sobre o qual tu nos alertaste que aconteceria,
e quando isso acontecesse, deveríamos levantar
nossos olhos porque o tempo de nossa libertação se
aproxima (Lucas 21).

Corrie ten Boom

A Videira de Jesus

É POSSÍVEL que tanto você quanto eu possamos estar prontos para a vinda de Jesus. A entrega pessoal é dinâmica desde que o ramo esteja conectado na Videira viva.

> Eu sou a videira, vós os ramos...
> JOÃO 15:5

Nossa esperança está na Videira viva, através da qual o Teu amor flui livremente, Pai.

Corrie ten Boom

Todos conhecerão a Deus

"Paz na Terra." A declaração dos anjos será perfeitamente cumprida quando Jesus retornar para fazer novas todas as coisas. O mundo todo será envolvido pelo conhecimento de Deus como as águas cobrem o fundo do mar.

> Irão muitas nações e dirão: Vinde, e subamos ao monte do Senhor e à casa do Deus de Jacó, para que nos ensine os seus caminhos, e andemos pelas suas veredas; porque de Sião sairá a lei, e a palavra do Senhor, de Jerusalém. Ele julgará entre os povos e corrigirá muitas nações; estas converterão as suas espadas em relhas de arados e suas lanças, em podadeiras; uma nação não levantará a espada contra outra nação, nem aprenderão mais a guerra.
> ISAÍAS 2:3,4

Senhor, obrigado porque estás
preparando o mundo para um futuro glorioso.
Por favor, prepara-me também.

Corrie ten Boom

Olhe para além das estrelas

Para receber a direção divina, você precisa se afastar definitivamente de outras formas de orientação. Não busque seu futuro nas estrelas, na palma de sua mão ou com os adivinhos. Essas coisas são abominação aos olhos de Deus.

Deus conhece o futuro.
Deus planeja o futuro.
Deus tem nos revelado o futuro em Sua Palavra.

> Perfeito serás para com o Senhor Teu Deus.
> DEUTERONÔMIO 18:13

Senhor Jesus, perdoa-me, por olhar na direção errada. Ensina-me Teus caminhos.

Corrie ten Boom

Saltando com Jesus

CERTA VEZ perguntei a um paraquedista: —Como você se sentiu quanto pulou de um avião, pela primeira vez, com o paraquedas preso às suas costas?

Ele respondeu: —Havia apenas um pensamento: "Ele vai funcionar, ele vai funcionar!".

O que significa seguir pela vida com Jesus? Eu posso responder por experiência própria: —Funciona, funciona!

> Em todas essas coisas, porém, somos mais do que vencedores, por meio daquele que nos amou.
> ROMANOS 8:37

Senhor, que alegria é poder contar a outras pessoas que andar contigo funciona. Aleluia!

Corrie ten Boom

Seja como uma ovelha

Num período em que eu não me sentia muito útil para o Senhor, certa vez fiquei aborrecida com meu trabalho. Para onde devo ir? Onde haverá um lugar para mim? Onde deverei morar? Vai haver pessoas para cuidar das reuniões? Deverei ir para um país difícil, como Rússia? Posso encontrar muitas dificuldades lá. Abri a Bíblia e li o Salmo 23. Uma grande alegria invadiu meu coração. Como ovelha que pertence ao Bom Pastor, eu não tinha nada a temer.

> O Senhor é o meu pastor; nada me faltará. Ele me faz repousar em pastos verdejantes. Leva-me para junto das águas de descanso. SALMO 23:1,2

Senhor, enche nosso coração, nossa consciência e nosso subconsciente com Tua paz e Teu amor. Então nada temeremos, mesmo que a Terra seja removida e os montes caiam no meio dos mares (Salmo 46:2). Aleluia!

Corrie ten Boom

A obra de Jesus está feita

Todos nós pecamos e estamos destituídos da glória de Deus. Ninguém pode dizer: "Eu sou bom". A base para a fé é a obra consumada de Jesus — não o que eu tenha feito, mas em tudo o que Ele fez.

...Está consumado!...
JOÃO 19:30

*Senhor Jesus, obrigado
pela rica herança que nos deste.*

Corrie ten Boom

Atrás das grades

O SOFRIMENTO dos prisioneiros é muito profundo. Eles não têm liberdade. A disciplina a que são submetidos geralmente é aplicada por guardas cruéis. Eles têm contato com pessoas más e infelizes, em geral, dia e noite, e essas pessoas más muitas vezes os conduzem ao pecado. Às vezes, eles ficam sobrecarregados com pesados fardos por causa do sofrimento que causaram às suas famílias através de seus crimes.

> ...estava [...] preso, e fostes ver-me.
> MATEUS 25:36

Senhor, mostra-me o que posso fazer pelos encarcerados. Eu desejo ser usado por ti.

Corrie ten Boom

Ele ouve dos céus

Nada pode colocar uma pessoa tão longe do alcance do diabo quanto a humildade.

> ...se o meu povo, que se chama pelo meu nome, se humilhar, e orar, e me buscar, e se converter dos seus maus caminhos, então, eu ouvirei dos céus, perdoarei os seus pecados e sararei a sua terra. 2 CRÔNICAS 7:14

*Senhor, quero humilhar
a mim mesmo.*

Corrie ten Boom

16 DE NOVEMBRO

Leve a sério

Quando Deus fala, você sempre tem de dar uma resposta. A resposta pode ser "sim" ou "não". Não responder é o mesmo que dizer "não".

Você está pronto para Jesus Cristo ou para o Anticristo?

É tempo de levar Deus realmente a sério. Dê a Ele sua resposta agora. Depois de ter feito isso, tenha uma conversa direta com o Senhor e pergunte-lhe: "O que significa para mim, Senhor, eu dizer 'sim' ou 'não'?".

> E poderia acontecer que eu tivesse
> Interesse no sangue do Salvador?
> Naquele que morreu por mim, a quem causei tanta dor?
> Por mim, que te perseguiu até a morte?
> Amor incrível! Como pode ser
> Que tu, meu Deus, pudeste morrer por mim?
> —CHARLES WESLEY

Eu te invoco, ó Deus, pois tu me respondes...
SALMO 17:6

Obrigado, Senhor, porque tu disseste
"sim" para mim, e por isso, agora é possível
eu responder "sim" para ti.

Corrie ten Boom

Possibilidades ilimitadas

Nada pode limitar os suprimentos que podemos receber de Deus exceto nossa capacidade para receber. Depois de nossa entrega, o Espírito Santo nos torna capazes de aceitar tudo de Deus.

Ó, amor que desenhou o plano da salvação!
Ó, graça que trouxe esse plano para o ser humano!
Ó, poderoso abismo que Deus rompeu
No Calvário. —WILLIAM R. NEWELL

> E o Deus da esperança vos encha de todo o gozo e paz no vosso crer, para que sejais ricos de esperança no poder do Espírito Santo. ROMANOS 15:13

Obrigado, Senhor,
por Teus oceanos de amor.

Decidido, não resignado

"Seja feita a Tua vontade" não é uma expressão de resignação, mas de decisão. É ativa, não passiva. O segredo da obediência de Jesus era Seu amor por Deus. A criança que ama seus pais deseja obedecer-lhes porque ele ou ela, sabe que isso alegra seus os pais.

> ...Pai nosso, que estás nos céus, santificado seja o teu nome; venha o teu reino; faça-se a tua vontade, assim na terra como no céu. MATEUS 6:9,10

Senhor, entrego minha vontade a ti.
Na área em que isso for difícil para mim, eu oro para que tu me tornes disposto a querer fazer a Tua vontade.

Corrie ten Boom

Ele sabe o seu nome

Leia Efésios 3:14-19. Some a largura, o cumprimento, a altura e a profundidade do amor de Deus, e o total de tudo isso não é suficiente para medir a extensão do Seu amor por mim, o menor de Seus filhos. Deus vê você e a mim em meio a milhões de outros seres humanos. Ele sabe seu nome, e está bem perto de você. Não precisa pedir: "Chegue mais perto de mim." Um peixe não precisa pedir à água que se aproxime dele e um pássaro não precisa pedir o mesmo para o ar. A água e o ar já estão tão próximos quanto lhes é possível. E assim, da mesma forma, Deus está próximo de você.

> ...E lembrem disto: eu estou com vocês todos os dias, até o fim dos tempos. MATEUS 28:20 NTLH

*Quão seguro me sinto com Teu constante
e intenso cuidado. Obrigado, Senhor.*

Corrie ten Boom

Grandes dádivas inúteis?

O Senhor pode fazer mais com 75 centavos abençoados do que com milhares de reais não abençoados.

> Qual é mais importante: a oferta ou o altar que santifica a oferta? MATEUS 23:19 NTLH

Ó Senhor, ensina-nos a olhar para todas as coisas, incluindo as dádivas, com Teu valores em mente, para que possamos enxergar o valor do menor dom ou o perigo das grandes dádivas.

Corrie ten Boom

A vista de cima

Continue olhando para cima, estando ajoelhado. Depois, você pode olhar para baixo, para os seus problemas a partir da posição de vitória de Jesus. Ele está disposto a torná-lo mais do que vencedor.

Olhe a sua volta e ficará angustiado;
Olhe para dentro e ficará deprimido;
Olhe para Jesus e encontrará descanso.

> Em todas estas coisas, porém, somos mais que vencedores, por meio daquele que nos amou.
> ROMANOS 8:37

Agradecemos-te, Senhor Jesus, porque podemos olhar para ti através da fé, sabendo que és o autor e consumador de nossa fé. Aleluia!

Corrie ten Boom

Não rejeite o remédio

Quando nossos pecados são cobertos pelo sacrifício de Cristo? Quando nós os confessamos: "Se confessarmos os nossos pecados, ele é fiel e justo para nos perdoar os pecados e nos purificar de toda injustiça" (1 João 1:9).

Mas isso não é toda a verdade — nossos pecados já foram cobertos quando Jesus morreu na cruz do Calvário há 2 mil anos.

> Quem nele crê não é julgado; o que não crê já está julgado, porquanto não crê no nome do unigênito Filho de Deus. JOÃO 3:18

O problema não é o fato de pecarmos, mas de rejeitarmos o remédio. Sim, Senhor Jesus, sim! Eu não rejeitarei Teu remédio. Eu confesso meu pecado e aceito Tua resposta.

Corrie ten Boom

Exercitando a visão do Senhor

A RESPOSTA apropriada ao Senhor em agradecimento por nossa salvação é espalhar a mensagem do evangelho a todo o mundo.

> ...e sereis minhas testemunhas tanto em Jerusalém como em toda a Judéia e Samaria e até aos confins da terra. ATOS 1:8

Senhor, tudo o que pedires eu obedecerei. Quero fazer Teu trabalho. Tu nos capacitas — não com espírito de temor, mas de amor e de uma mente saudável.

Corrie ten Boom

Amigo e Salvador de pecadores

Alguma vez você já pensou que não é bom o suficiente para ir ao Senhor e ser salvo por Ele? Jesus disse: "Não vim chamar justos, e sim pecadores, ao arrependimento" (Lucas 5:32). O que você está dizendo, numa espécie de autocondenação, é exatamente a mesma declaração que lhe dá o direito de ir a Ele com a certeza de que Ele o receberá. Cristo é o amigo de publicanos e pecadores. Ele veio para morrer por esse tipo de pessoas.

> [Jesus Cristo] o qual a si mesmo se deu por nós, a fim de remir-nos de toda iniquidade e purificar, para si mesmo, um povo exclusivamente seu, zeloso de boas obras. TITO 2:14

Senhor Jesus, obrigado porque eu posso ir a ti exatamente como eu estou.

Corrie ten Boom

Linhas ruins entrelaçadas com as boas

Algumas pessoas cantam e oram: "Que a tua congregação seja livre da tribulação". Mas Jesus disse que no mundo teremos tribulações.

> Bem-aventurados os perseguidos por causa da justiça, porque deles é o reino dos céus. [...] Regozijai-vos e exultai, porque é grande o vosso galardão nos céus; pois assim perseguiram aos profetas que viveram antes de vós. MATEUS 5:10,12

Agradecemos-te, Senhor Jesus, porque tu já venceste o mundo. Junto contigo nós somos vitoriosos em cada tribulação, em cada problema e em cada prova. Podemos ver nossos problemas e tribulações como parte da tapeçaria que estás tecendo em nossa vida.

Corrie ten Boom

Some forças com Deus

Qual é a situação do inimigo? A estratégia de um inimigo derrotado é diferente. Quando o povo de Deus avança, o inimigo recua. A igreja é como um aríete batendo contra as portas do inferno. A Palavra de Deus é nossa arma.

> Porque, embora andando na carne, não militamos segundo a carne. Porque as armas da nossa milícia não são carnais, e sim poderosas em Deus, para destruir fortalezas, anulando nós sofismas.
> 2 CORÍNTIOS 10:3,4

Espírito Santo, dá-nos uma clara visão da situação de nosso inimigo, de nosso próprio exército, e de nós mesmos, mas acima de tudo do nosso Rei dos reis.

Corrie ten Boom

Hoje maldição; amanhã, bênção

As CONDIÇÕES de nosso alojamento no campo de concentração em Ravensbrück eram terríveis. Quando chegamos lá pela primeira vez, eu disse a Betsie que não poderia suportar os piolhos que infestavam nossos cobertores e colchões imundos. Ela respondeu: "Você precisa agradecer por todas as coisas, até mesmo pelos piolhos." Betsie estava certa. Por causa da infestação de insetos em nosso alojamento, os guardas e oficiais ficavam distantes, e nós tínhamos condições de ler a Bíblia sem medo. Deus tem uma utilidade até mesmo para os insetos! Algumas vezes, enxergávamos uma maldição hoje que se tornava uma bênção no dia seguinte. Quão mais simples seria o mundo se pudéssemos agradecer a Deus por cada coisa em vez de ficarmos usando nosso próprio julgamento.

> ...dando sempre graças por tudo a nosso Deus e Pai, em nome de nosso Senhor Jesus Cristo. EFÉSIOS 5:20

Senhor, eu preciso de um milagre do Teu Espírito Santo para agradecer por meus problemas de hoje. Obrigado, pois queres tornar-me disposto a isso.

Corrie ten Boom

Conectado com Deus

Papai orava porque ele tinha um bom amigo com quem podia partilhar os problemas de cada dia. Ele orava porque podia falar diretamente com o Criador sobre suas preocupações. Ele orava, pois havia tanta coisa pelas quais era agradecido.

>...regozijai-vos na esperança, sede pacientes na tribulação, na oração, perseverantes. ROMANOS 12:12

Nossa vida apresenta muitas razões para orar, Pai. Sabemos que tu desejas que contemos todas as coisas para ti, porque cuidas de nós profundamente. Somos gratos por Teu constante cuidado.

Corrie ten Boom

Ó capitão, meu capitão cicatrizado

O TESTE para sua fé hoje é o treinamento para o grande final da batalha. Você está sendo vitorioso hoje? Então, você está mais forte agora do que estava ontem. Um atleta não reclama quando o seu treinamento é árduo; ele pensa na competição que está a sua frente.

> Nós seguimos a um capitão cicatrizado.
> Não deveríamos também ter cicatrizes?
> Sob Tua poderosa bandeira,
> Estamos indo para a guerra.
> Para não nos esquecermos, Senhor, quando nos encontrarmos,
> Mostra-nos Tuas mãos e Teus pés.
> —AMY CARMICHAEL

> ...sabendo que a provação da vossa fé, uma vez confirmada, produz perseverança. TIAGO 1:3

Senhor, tu és a fonte de nossa força.
Não reclamaremos se nosso treino é árduo, pois assim será a batalha que está por vir.

Corrie ten Boom

Ele nos torna inteiramente Seus

"Nenhum de nós pode se tornar alguma coisa se não for absolutamente controlado pelo Espírito Santo. Deixe que o Senhor o acompanhe em seu caminho, porque se você fizer algo não consagrado, esse hábito pecaminoso em sua vida se tornará um ponto de apoio para o diabo destruir seu testemunho. Sabendo que o diabo trabalha de forma tão insidiosa nas igrejas, vamos nos achegar a Deus e dizer-lhe que desejamos ser completamente dele, dedicados a Ele, conduzidos por Ele, cheios do Seu Espírito, instruídos por Ele, de modo que sejamos mantidos afastados do pecado e ao mesmo tempo estarmos prontos para o glorioso evento, quando veremos Jesus face a face." —IRMÃO LANGSTON

> O mesmo Deus da paz vos santifique em tudo; e
> o vosso espírito, alma e corpo sejam conservados
> íntegros e irrepreensíveis na vinda de nosso Senhor
> Jesus Cristo. 1 TESSALONICENSES 5:23

Senhor Jesus, agradecemos-te porque morreste por nós
e vives por nós para nos capacitar a viver por ti.

Corrie ten Boom

Paz na Terra — e em casa!

O MÊS de dezembro é o mês do Natal. Para você isso quer dizer ficar extremamente ocupado, dedicando todo o seu tempo no planejamento dos seus presentes? O Senhor Jesus não veio para fazer com que você fique ocupado demais. Os anjos falaram sobre paz na Terra. Peça pela sabedoria prometida em Tiago 1:5 para saber como organizar seu tempo e que tipo de presentes de Natal você deve dar. É possível que o Senhor o dirija a dar de presente livros cristãos. Um bom livro entregue no Natal permanecerá como uma bênção muito depois de 25 de dezembro.

> Se, porém, algum de vós necessita de sabedoria, peça-a a Deus, que a todos dá liberalmente e nada lhes impropera; e ser-lhe-á concedida. TIAGO 1:5

Senhor Jesus, eu peço o fruto do Espírito que se chama paz, para este mês do Natal.

Corrie ten Boom

Eliminando os "se...apenas"

Você precisa de Jesus. Os "se...apenas" acabam tornando-se uma barreira entre você e Ele. "Se meu esposo apenas dedicasse mais tempo e mais amor para mim." "Se meu filho adolescente apenas fosse mais obediente." "Se eu apenas tivesse mais dinheiro." "Se meu pai apenas me entendesse melhor."

Entregue seus "se...apenas". Eles interrompem seu caminho. Quando você se entrega, passa a pertencer ao Senhor, mesmo com todos os "se apenas". E isso é bom!

> Mas o fruto do Espírito é: amor, alegria, paz,
> longanimidade, benignidade, bondade, fidelidade.
> GÁLATAS 5:22

*Senhor, ensina-nos a superar nossos
problemas mesquinhos, para que possamos
usar todos os nossos talentos para
vencer os grandes problemas do mundo.*

Corrie ten Boom

Toma minha vida, mas envia minha irmã?

Se Deus o chamou, não perca seu tempo olhando por cima do ombro para ver quem está atrás você. Algumas vezes acho que certos jovens que ouviram o chamado para entregar sua vida e ir para o campo missionário costumam responder: "Senhor, toma minha vida, mas envia minha irmã".

> Jesus, aproximando-se, falou-lhes, dizendo:
> Toda a autoridade me foi dada no céu e na terra.
> MATEUS 28:18,19

Eu irei aonde tu queres que eu vá, Senhor querido,
Para as montanhas, ou para os planaltos, ou para o mar;
Direi o que desejas que eu diga, Senhor amado,
Quero ser o que tu desejas que eu seja. —MARY BROWN

Corrie ten Boom

Ele completa Sua boa obra

No céu, você verá como o Senhor usou aquele testemunho, aquela palavra de conforto que você deu hoje a alguém. A Palavra de Deus nunca volta vazia.

Quando você entrar naquela bela cidade
E os salvos surgirem a sua volta,
Que alegria será quando alguém lhe contar:
"Eu sou aquela pessoa que você convidou para estar aqui".

> Cada um se farta de bem pelo fruto da sua boca, e o que as mãos do homem fizerem ser-lhe-á retribuído.
> PROVÉRBIOS 12:14

Senhor, queremos ver os resultados de nosso trabalho,
mas não é necessário que nós os vejamos.
Confiamos que tu completas o trabalho que estamos
realizando e o fazes por nosso intermédio.

Corrie ten Boom

Ele é a prova

Como uma vitória é o resultado da vida de Cristo vivida no cristão, é importante ver que essa vitória, e não a derrota, deve ser o propósito de Deus para Seus filhos.

> Então quem pode nos separar do amor de Cristo? Serão os sofrimentos, as dificuldades, a perseguição, a fome, a pobreza, o perigo ou a morte? […] Em todas essas situações temos a vitória completa por meio daquele que nos amou. ROMANOS 8:35,37 NTLH

Nós te agradecemos, Senhor Jesus, porque nossa vitória final está garantida por causa de Teu sacrifício sobre a cruz, Tua ressurreição da morte, e Tua glorificação no céu, onde intercedes por nós.

Corrie ten Boom

Encontrando-se no céu

Um homem e seu filho atravessaram ponte estreita e comprida. Esta ficava sobre um rio caudaloso, e o menino disse: —Papai, estou com medo. Você está vendo toda aquela água ali embaixo?

—Dê-me sua mão, filho, disse-lhe o pai. No momento em que o garoto sentiu que a mão do pai segurava a sua, ele não ficou com medo. No fim da tarde, tiveram de voltar, e naquele momento estava um pouco mais escuro.

—Agora estou com mais medo ainda!, reclamou o garoto.

O pai tomou seu menininho nos braços. Imediatamente o menino caiu no sono, para acordar no dia seguinte em sua própria cama. Assim é a morte para o cristão. Ele cai no sono e acorda em casa.

> Medo de quê?/ Para se sentir feliz com a libertação do
> Espírito,/ Para passar do estado de dor para a paz perfeita,
> Para ver cessar o conflito e a tensão da vida./ Medo de quê?
> Medo de quê?/ Medo de ver a face do Salvador,
> De ouvir as boas-novas e seguir/ À glória que brilha através
> das feridas da graça,/ Medo de quê?

> Onde está, ó morte, a tua vitória? Onde está, ó morte, o teu aguilhão? 1 CORÍNTIOS 15:55

Senhor Jesus, somos-te gratos porque conquistaste a morte. Quão confortante é estar seguro em Teus braços. Somos-te agradecidos porque tu, Senhor, estás sempre disponível para tomar nossas frágeis mãos em Tuas fortes mãos.

Corrie ten Boom

Caminhando para o horizonte luminoso

~~~~~~

A VIDA é imortal, o amor, eterno; a morte nada mais é do que um horizonte, e o horizonte é a apenas o limite de nossa visão.

> Se alguém guardar a minha palavra, não verá a morte, eternamente. JOÃO 8:51

Senhor, nós te agradecemos porque temos a vida eterna aqui e agora. Isso nos dá uma visão do presente e do futuro, tanto terreno quanto celestial.

Corrie ten Boom

Sua morada o espera

Todo mundo precisa de um lugar para estar. Uma das grandes alegrias do céu é que lá existe um lugar, um lugar preparado. Sou muito grata por saber que lá terei uma morada especial reservada para mim.

> Na casa de meu Pai há muitas moradas. Se assim não fora, eu vo-lo teria dito. Pois vou preparar-vos lugar.
> JOÃO 14:2

Senhor Jesus, somos muito agradecidos pela certeza de um lar celestial. Um lugar de descanso, um lugar para morar, é importante para nossa vida, tanto agora quanto no futuro.

Corrie ten Boom

Encontrando graça pela leitura de Sua Palavra

José encheu os celeiros no tempo de fartura para estar preparado para o tempo de fome (Gênesis 41:29-36). Armazenemos as riquezas das promessas de Deus que podem nos fortalecer nos tempos em que não tivermos liberdade. Ninguém pode tirar de você aqueles textos da Bíblia que você aprendeu decor.

> Assim, o mantimento será para abastecer a terra nos sete anos da fome que haverá no Egito; para que a terra não pereça de fome. GÊNESIS 41:36

Senhor Jesus, não tememos o futuro porque sabemos que tens o futuro em Tuas mãos. Que alegria é saber que és o mesmo ontem, hoje e eternamente.

Corrie ten Boom

10 DE DEZEMBRO

Razões para o sucesso

GUARDE CONSTANTEMENTE seu coração e sua mente, pois eles estão em Cristo Jesus. As preocupações trazem consigo responsabilidades que pertencem ao Senhor, não mais a você. As preocupações não nos livram do mal. Ao contrário, elas nos incapacitam para lidar com o mal, quando ele chega. Você pode encontrar todas as razões para o fracasso, mas Deus vê todas as razões para o sucesso!

> Sua âncora está segura durante as tempestades da vida,
> Quando as nuvens abrem suas asas de conflitos?
> Quando as marés fortes se levantam e esticam os cabos,
> Sua âncora vacilará ou firme se manterá?
> Nós temos uma âncora que sustém a alma
> Firme e segura quando surgem as ondas,
> Presa à Rocha que não pode mover-se,
> Segura e firmada no profundo amor do Salvador.
> —PRISCILA OWENS

> E a paz de Deus, que excede todo o entendimento, guardará o vosso coração e a vossa mente em Cristo Jesus. FILIPENSES 4:7

Agradecemos-te, Senhor Jesus, porque sendo tu a nossa âncora, nunca precisamos temer.

Corrie ten Boom

Ele terminou — e você, também?

Todos os estudantes da Bíblia que acreditam nas profecias sabem que a volta de Jesus está próxima. O mais importante e mais urgente é que cada filho de Deus esteja preparado para aquele dia. Isso é possível para cada pessoa. Jesus consumou, na cruz, toda a obra que tinha de ser feita. Ele morreu por nós, ressuscitou e está com o Pai, onde intercede por nós. Por meio do Seu Santo Espírito Ele habita em nós. Se você não se sente preparado, confesse seus pecados e clame pelo perdão em nome de Jesus. Perdoe aos outros pelo poder do Espírito Santo que está em você.

> Por isso, meus amigos, enquanto vocês esperam aquele dia, façam o possível para estar em paz com Deus, sem mancha e sem culpa diante dele.
> 2 PEDRO 3:14 NTLH

Obrigado, Senhor Jesus, porque desejas me preparar para meu encontro contigo, não importa quando isso acontecer.

Corrie ten Boom

Ele provê conforto

Quando Deus permite que grandes tribulações atinjam Seu povo, Ele lhes prepara extraordinário conforto. A tribulação é o caminho espinhoso, mas também abençoado que Deus traçou para a vitória.

> Porque ele [Deus] tem dito: De maneira alguma te deixarei, nunca jamais te abandonarei. HEBREUS 13:5

Somos-te gratos, Senhor, porque não temos nada a temer, pois tu estás conosco. Contigo somos capazes de suportar sofrimentos e tribulações.

Corrie ten Boom

Aguente firme!

Quando eu era criança, toda vez que tínhamos de ir ao médico ou ao dentista, papai ia conosco e nos confortava. Ele nunca dizia que não haveria dor, mas que deveríamos ser fortes e corajosos. Segurando nossa mão, ele nos transmitia coragem.

O mesmo ocorre com Deus. Ele jamais prometeu que não sofreríamos dores em nossa vida, mas, segurando em nossa mão Ele nos concede coragem.

> É ele que nos conforta em toda a nossa tribulação, para podermos consolar os que estiverem em qualquer angústia, com a consolação com que nós mesmos somos contemplados por Deus.
> 2 CORÍNTIOS 1:4

Nosso Deus e Pai, somos-te muito agradecidos por Tua mão paternal em tempos de tribulações. Precisamos tanto de Teu conforto e desejamos compartilhá-lo com aqueles que sofrem junto conosco.

Corrie ten Boom

Além da dúvida, da aridez e dos problemas

A OPOSIÇÃO às vidas dedicadas a Jesus Cristo costuma tomar muitas formas, algumas dramáticas, outras sutis. Em minha experiência, já provei a oposição em formas de barulhos sobrenaturais, atitudes superficiais que resultam da justiça própria, e através de coisas que brotam de mim mesma. Tenho sido assaltada por dúvidas em meu coração e momentos de deserto em minha vida de oração. Tenho permanecido na linha de frente de batalha, mas através de Jesus, estou sempre no campo da vitória.

> Que diremos, pois, à vista destas coisas? Se Deus é por nós, quem será contra nós? ROMANOS 8:31

Quando estamos temerosos e desanimados,
ajuda-nos a relembrar que tu, Jesus,
nos tens dado a vitória antecipada, e estamos capacitados
a vencer a batalha que enfrentamos.

Corrie ten Boom

Peça fé

Quando comecei a mostrar ao povo o perigo dos pecados ocultos, pensamentos de temor vieram à minha mente. Eu voltava das reuniões completamente exausta, com meu coração batendo irregularmente. Temia que pudesse morrer se continuasse a fazê-lo, então pedi ao Senhor que me libertasse desse fardo. Ele me mostrou os seguintes versículos:

> Não temas; pelo contrário, fala e não te cales;
> porquanto eu estou contigo, e ninguém ousará
> fazer-te mal. ATOS 18:9,10

Senhor Jesus, mostra-nos quando estamos permanecendo em silêncio por causa do temor. Dá-nos fé e coragem para falar sempre que for necessário.

Corrie ten Boom

Preocupado com as ondas?

Deus nunca inspira dúvidas e temores, mas fé e coragem. Pedro criou suas próprias dúvidas quando observou as ondas.

> Busquei o Senhor, e ele me acolheu; livrou-me de todos os meus temores. SALMO 34:4

Senhor, nossos temores são resultado de não confiarmos totalmente em ti. Ajuda-nos a ver nossa tolice em temer. Conduze-nos a olhar na direção certa, para ti, Senhor, e sempre em direção oposta à das ondas.

Corrie ten Boom

Divindade incompreensível

A FÉ nos conduz a caminhos que se tornam incompreensíveis para nossa razão.

> [Ele] nos predestinou para ele, para a adoção de filhos, por meio de Jesus Cristo, segundo o beneplácito de sua vontade, para louvor da glória de sua graça, que ele nos concedeu gratuitamente no Amado. EFÉSIOS 1:5,6

Ó, Senhor, quão rico sou.
Perdoa-me por preocupar-me tanto, e limpa-me.

Corrie ten Boom

Sua luz noturna pessoal

Muitas vezes eu ficava com medo, quando era menina ainda pequena. Implorava à minha irmã Nollie que ficasse segurando minha mão enquanto dormíamos. Então, quando completei 5 anos, o Senhor Jesus se tornou uma grande realidade para mim. Pedi-lhe que viesse habitar em meu coração, e um sentimento de paz e segurança tomou o lugar do medo que eu sentia antes. Desde então, eu podia ir dormir à noite sem sentir medo.

> Busquei o Senhor, e ele me acolheu; livrou-me de todos os meus temores. SALMO 34:4

Em nosso interior, escondidos do mundo, somos como pequenas crianças temerosas, Senhor. Acordamos no meio da noite, temendo, até que podemos ouvir Tua voz sussurrando: "Calma, eu estou aqui."

Corrie ten Boom

Ele passa a tocha para você

Nós veremos, cada vez mais, que somos escolhidos não por causa de nossas habilidades, mas por causa do poder do Senhor, que será demonstrado em nossa incapacidade.

> E, quando vos entregarem, não cuideis em como ou o que haveis de falar, porque, naquela hora, vos será concedido o que haveis de dizer. MATEUS 10:19

Senhor, que alegria, que honra, é saber que tu me usas, sim, eu mesmo, como uma luz neste mundo escuro.

Corrie ten Boom

Nascido e cheio do Espírito

Muitos cristãos pensam que quando eles nascem de novo isso encerra o processo de conversão. Certa vez, falei acerca do poderoso desafio das Bem-aventuranças e como podemos viver vitoriosamente se tivermos fome e sede de justiça. A vitória significa uma entrega de si mesmo dos pés à cabeça, vez após vez. Perguntei a uma querida mulher cristã qual era sua resposta. Ela disse: "Eu me entreguei há 12 anos quando aceitei a Jesus como meu Salvador." Mas a Bíblia diz: "Enchei-vos do Espírito Santo." Um bebê recém-nascido precisa crescer.

Eu conheço o Senhor Jesus há 80 anos. Conforme estudava a Bíblia para escrever estas mensagens, tive que me entregar novamente e ser lavada e cheia do Espírito mais uma vez, dia após dia.

...eu vim para que tenham vida e a tenham em abundância. JOÃO 10:10

Louvo-te, Senhor Jesus, porque não apenas
nos deste a vida quando nascemos de novo, mas
Tua Palavra e Teu Santo Espírito também
nos fazem crescer para ter uma vida abundante.

Corrie ten Boom

Vivendo como Jesus

Paulo diz em Colossenses 1:24 que tinha o privilégio de sofrer aflições em seu próprio corpo por Cristo. Como seria se você e eu, como cristãos, tivéssemos, neste momento, esse mesmo privilégio sem que o soubéssemos? Peça ao Senhor que o perdoe sempre que você ficar desanimado. Isso lhe dará nova esperança, nova força e novo poder.

> Muito bem, servo bom e fiel [...] entra no gozo do teu senhor. MATEUS 25:23

Senhor, sei que sou uma pessoa vitoriosa quando permaneço como Teu discípulo.

Corrie ten Boom

A obra de Deus está completa

"Eu costumava pedir a Deus que me ajudasse. Depois, comecei a perguntar-lhe se eu poderia ajudá-lo. E acabei por pedir-lhe que realize Sua obra através de mim." —HUDSON TAYLOR

> Se o Senhor não edificar a casa, em vão trabalham os que a edificam. SALMO 127:1

*Obrigado, Senhor,
porque tu fazes a obra.*

Corrie ten Boom

Mãos vazias — coração cheio

"Bem-aventurados os pobres de espírito, porque herdarão o reino dos céus" (Mateus 5:3). Não podemos nos encher enquanto não estivermos vazios. Temos de ser pobres de espírito em nós mesmos para sermos cheios do Espírito Santo. "Em minhas eu mãos nada trago; simplesmente me apego à Tua cruz…".

> Porque assim diz o Alto, o Sublime, que habita a eternidade, o qual tem o nome de Santo: Habito no alto e santo lugar, mas habito também com o contrito e abatido de espírito, para vivificar o espírito dos abatidos e vivificar o coração dos contritos.
> ISAÍAS 57:15

*Senhor, eu me esvazio de mim mesmo,
mas tu és o Todo-Suficiente. Obrigado porque enches
meu coração e me tornas rico em ti.*

Corrie ten Boom

24 DE DEZEMBRO

A dádiva mais incompreendida

Quem pode acrescentar algo ao Natal? O motivo perfeito é que Deus de tal maneira amou o mundo. O perfeito dom é que Ele deu Seu Filho único. A única exigência é crer nele. A recompensa da fé é que você terá uma vida eterna.

> Pois Deus mandou o seu Filho para salvar o mundo e não para julgá-lo. JOÃO 3:17 NTLH

*Senhor, por meio de Teu Santo Espírito,
ajuda-me a entender completamente a vitória e a alegria
de Tua vinda a este mundo, de forma que
eu aprecie ainda mais o Natal como nunca antes.*

Corrie ten Boom

Faça como os pastores

Feliz Natal! Os pastores contaram a todos o que havia acontecido. Eles haviam ouvido a mensagem dos anjos, e viram o bebê recém-nascido. O que fizeram então? Contaram a todos! Façamos o mesmo.

> E, vendo-o, divulgaram o que lhes tinha sido dito
> a respeito deste menino. Todos os que ouviram se
> admiraram das coisas referidas pelos pastores.
> LUCAS 2:17

Pai, deste aos pastores a alegria de serem
os primeiros seres humanos a adorar Teu Filho na Terra
e a contar aos outros as novas de Seu nascimento.
Gratos te somos, também, porque podemos disseminar essa
tão importante mensagem. Estas novas honram
Teu nome e salvam almas para a eternidade. Que alegria!

Corrie ten Boom

Abrindo espaço em mim

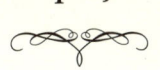

Se Jesus tivesse nascido mil vezes em Belém e não em nós, então estaríamos perdidos. Não havia lugar para Ele nas hospedarias. Há lugar em seu coração para Ele?

> Em meu coração, em meu coração,
> Vem hoje entrar, ó Cristo.
> Vem hoje entrar, vem para ficar,
> Em meu coração, ó Cristo.

> Porque Deus amou ao mundo de tal maneira que deu o seu Filho unigênito... JOÃO 3:16

Senhor, ensina a mim e a minha família a apreciar o Natal. Dá-me sabedoria para organizar meu trabalho e meu tempo de tal forma que eu possa encontrar tempo para meditar no Teu intenso amor, que tu provaste quanto vieste a este mundo para morrer e ressuscitar, e assim pagar o preço pelo pecado de toda a humanidade. Ajuda-me a partilhar essa boa-nova com as pessoas que estão ao meu redor.

Corrie ten Boom

Protegido por Deus

Algumas vezes eu não me sinto tão perto do Senhor como antes sentia. Eu sei quem de nós se afastou. Não foi o Senhor, mas foi Corrie ten Boom. O que devo fazer, então? Confesso Àquele me ama. Ele me perdoa e me lava, e então minha comunhão se torna mais achegada do nunca antes.

> E continuem vivendo no amor de Deus, esperando que o nosso Senhor Jesus Cristo, na sua misericórdia, dê a vocês a vida eterna. JUDAS 21 NTLH

Obrigado, Senhor, porque sei que estás comigo.
Clamo por Tua promessa: "Estou contigo sempre".

Corrie ten Boom

Quando o trabalho é um prazer

Em Apocalipse 22 está escrito que Seus servos irão servi-lo. Isso significa que o céu é um lugar de serviço. Quando pertencemos a Jesus, somos cidadãos do céu e nosso olhar vai além deste mundo. Que alegria é poder servi-lo continuamente!

> Medo de quê?
> De entrar no descanso celestial
> E de servir o abençoado Mestre,
> Deixando de servi-lo bem para servi-lo melhor,
> Tens medo disso?

> Porque o Senhor Deus brilhará sobre eles, e reinarão pelos séculos dos séculos. APOCALIPSE 22:5

Gratos nós te somos, Senhor,
pelo encorajamento que nos dás ao nos revelar
continuamente que o melhor está por vir.

Corrie ten Boom

O melhor do pior

Um irmão em Cristo que experimentou todas as catástrofes mencionadas aqui, escreveu para mim: "Embora o dinheiro perca seu valor por causa da inflação, embora meu barco tenha sido destruído por um furacão; minha casa tenha sido feita em pedaços por um tornado; bombas tenham caído em aeroportos e teatros; nenhum lugar do mundo é seguro: regozijar-me-ei no Senhor, me alegrarei no Deus de minha salvação."

> Ainda que a figueira não floresça, nem haja fruto na vide; o produto da oliveira minta, e os campos não produzam mantimento; as ovelhas sejam arrebatadas do aprisco, e nos currais não haja gado, todavia, eu me alegro no Senhor, exulto no Deus da minha salvação. HABACUQUE 3:17,18

Obrigado, Senhor, porque mesmo quando o pior acontece na vida dos filhos de Deus, o melhor permanece. Obrigado porque tudo o que acontece se encaixa para o bem daqueles que te amam.

Corrie ten Boom

Respire um novo ar

Pense em estar chegando à praia e descobrir-se no céu; segurar numa mão e ver que é a mão de Deus; respirar um novo ar e perceber que é o ar celestial; sentir-se revigorado e descobrir que, na realidade, é a imortalidade; em atravessar uma tempestade para chegar a um território desconhecido; em acordar bem e feliz e descobrir-se no lar.

> Mas, como está escrito: Nem olhos viram, nem ouvidos ouviram, nem jamais penetrou em coração humano o que Deus tem preparado para aqueles que o amam. 1 CORÍNTIOS 2:9

Senhor, somos-te gratos porque nos deste, como Teus filhos, vida eterna aqui e agora. E por sabermos que uma alegria indizível está esperando por nós.

Corrie ten Boom

Marcando um encontro no céu

Estivemos juntos por 366 dias. No último dia do ano, vamos ler o que a Palavra de Deus diz:

> Irmãos, quanto a mim, não julgo havê-lo alcançado; mas uma coisa faço: esquecendo-me das coisas que para trás ficam e avançando para as que diante de mim estão, prossigo para o alvo, para o prêmio da soberana vocação de Deus em Cristo Jesus.
> FILIPENSES 3:3,14

> O mesmo Deus da paz vos santifique em tudo; e o vosso espírito, alma e corpo sejam conservados íntegros e irrepreensíveis na vinda de nosso Senhor Jesus Cristo. 1 TESSALONICENSES 5:23

Jesus venceu.
Jesus é o Vencedor.
Jesus irá vencer. Aleluia!

Corrie ten Boom

CONHEÇA OUTROS LIVROS DA SÉRIE

Dia a dia com

DIA A DIA COM SPURGEON

Contém 732 meditações que foram escritas no século 19 por Charles H. Spurgeon, conhecido como o "príncipe dos pregadores". Os textos abordam temas como: expiação, eleição, santificação, intimidade com Cristo, vida de oração, e perseverança nas provações. O estilo adotado por Spurgeon é o de uma conversa entre amigos, enquanto se saboreia um delicioso café.

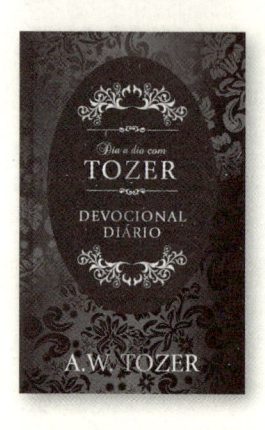

DIA A DIA COM A. W. TOZER

Este belíssimo devocional apresenta 366 excertos de sermões, livros e artigos produzidos por A. W. Tozer. Suas palavras, escritas e faladas, concentram-se totalmente em Deus, por isso apresentam diversos temas inerentes à vida cristã, com profundidade e sabedoria.

www.publicacoespaodiario.com.br